SUB-ROGAÇÃO NOS CONTRATOS DE SEGURO

o termo inicial do prazo de prescrição

CONTRACORRENTE

GUSTAVO DE MEDEIROS MELO

SUB-ROGAÇÃO NOS CONTRATOS DE SEGURO

o termo inicial do prazo de prescrição

SÃO PAULO

2021

CONTRACORRENTE

Alameda Itu, 852 | 1º andar |
CEP 01421 002
www.loja-editoracontracorrente.com.br
contato@editoracontracorrente.com.br

EDITORES
Camila Almeida Janela Valim
Gustavo Marinho de Carvalho
Rafael Valim
Walfrido Warde
Silvio Almeida

EQUIPE EDITORIAL
Coordenação de projeto: Juliana Daglio
Revisão: Carla Maria Carreiro
Preparação de texto: João Machado
Revisão técnica: Amanda Dorth
Diagramação: Pablo Madeira
Capa: Mariela Valim

EQUIPE DE APOIO
Carla Vasconcellos
Fernando Pereira
Lais do Vale
Valéria Pucci
Regina Gomes

Dados Internacionais de Catalogação na Publicação (CIP)
(Câmara Brasileira do Livro, SP, Brasil)

Melo, Gustavo de Medeiros
Sub-rogação nos contratos de seguro : o termo inicial do prazo de prescrição / Gustavo de Medeiros Melo. -- 1. ed. -- São Paulo : Editora Contracorrente, 2021. -- (Ensaios ; 1)
ISBN 978-65-88470-95-4
1. Contratos de seguro - Brasil 2. Direito Civil I. Título II. Série.
21-83582 CDU-34.368.02(81)

Índices para catálogo sistemático:
1. Brasil : Contratos de seguros :
Direito securitário 34.368.02 (81)
Aline Graziele Benitez - Bibliotecária - CRB-1/3129

@editoracontracorrente
Editora Contracorrente
@ContraEditora

coleção ensaios

Uma aproximação à teoria dos serviços públicos
Luis José Béjar Rivera

Estado de exceção: a forma jurídica do neoliberalismo
Rafael Valim

A Constituição como simulacro
Luiz Moreira

Como ler o direito estrangeiro
Pierre Legrand

As raízes legais da corrupção
Héctor A. Mairal

Ensaio sobre o conteúdo jurídico da confiança legítima e sua incidência no setor de infraestrutura
Antonio Araldo Ferraz Dal Pozzo e Augusto Neves Dal Pozzo

As normas de Direito Público na Lei de Introdução ao Direito brasileiro: paradigmas para interpretação e aplicação do Direito Administrativo
Edilson Pereira Nobre Júnior

A tirania dos poderes coniventes: o Brasil na conjuntura
Diogo Sardinha

Escrever História do Direito: reconstrução, narrativa ou ficção?
Michael Stolleis

Nacionalização: necessidade e possibilidades
Gilberto Bercovici e José Augusto Fontoura Costa

O mundo das terras coletivas: itinerários jurídicos entre o ontem e o amanhã
Paolo Grossi

Em memória de Múcio Vilar Ribeiro Dantas, Miguel Seabra Fagundes e José Manoel de Arruda Alvim Netto, dois norte-rio-grandenses e um paulista, cujas lições carrego vivas na bagagem de eterno discípulo.

Sumário

Quando falo de razão ou racionalismo apenas me refiro à convicção de que podemos *aprender* com a crítica dos nossos enganos e dos nossos erros, especialmente com a crítica feita por outros, e por fim também com a autocrítica. Um racionalista é simplesmente alguém para quem é mais importante aprender do que vir a provar-se que está certo; alguém que está disposto a aprender com os outros – não simplesmente apossando-se das opiniões de outros, mas permitindo de bom grado que os outros critiquem as suas ideias e criticando de bom grado as ideias dos outros. A ênfase aqui reside na ideia de crítica, ou, mais exatamente, *discussão crítica.* O racionalista genuíno não pensa que ele, ou outra pessoa qualquer, está de posse da verdade; nem pensa que a simples crítica como tal ajuda a chegar a novas ideias. Pensa sim que na esfera das ideias só a discussão crítica pode ajudar-nos a separar o trigo do joio.

KARL POPPER

A vida é aprendizado: epistemologia evolutiva e sociedade aberta.

agradecimento

Ao Instituto Brasileiro de Direito do Seguro (IBDS), a todos que dele fazem parte, pelo incentivo cultural, vanguarda e independência de pensamento crítico voltado à construção de um sistema jurídico mais evoluído para o Brasil.

prefácio

É um enorme gosto escrever estas linhas introdutórias a esta obra do doutor Gustavo de Medeiros Melo. É um gosto duplo: pela pessoa do autor, que estimo, e pelo interesse com que li – de um trago – o seu texto.

Comecemos pelo tema: a sub-rogação nos contratos de seguro. Qual a sua importância? Comecemos pelo dano: ele surge e, havendo seguro, temos muitas vezes três esferas candidatas a suportar esse dano: a do segurado, onde surge o dano, a do segurador, que por força do seguro irá cobrir esse dano, desonerando o segurado; e o terceiro, quando exista, que foi quem, normalmente por tê-lo causado, tem a responsabilidade civil de ressarci-lo. Ponderando os interesses em jogo e os méritos relativos de todos os envolvidos, não custa aceitar uma solução que aponte para o terceiro, responsável pelo dano, como sendo aquele a cuja esfera deve alocar-se o correspondente prejuízo. É que, dos três, é o único interveniente cuja atuação conviria desincentivar, eliminando, como sucede frequentemente, essa externalidade negativa do seguro, na terminologia própria da análise económica do direito.

Poderia atingir-se essa solução por duas vias: deixando o direito à indenização na esfera do lesado, ou transmitindo-o ao segurador. Uma vez que é este último quem, transitoriamente, suportaria o dano, parece economicamente mais eficiente que transite para a sua esfera o poder jurídico de impor essa solução, pois o lesado, já sem o dano na sua esfera, poderia tender para a inércia, admitindo que ainda fosse titular do correspondente direito.

Ora o expediente técnico-jurídico de que se lança mão para atingir esse resultado é aqui relativamente secundário. O importante é o resultado. Se o ponto de partida foi um instituto civil pensado para quem cumpre uma obrigação de terceiro, enquanto o segurador cumpre uma obrigação própria ao indenizar o seu segurado, nas palavras do autor, "isso não invalida sua legitimidade para assumir o lugar do segurado. Ao contrário, até reforça. O que torna o sujeito interessado em resgatar dívida alheia é a circunstância de estar ou poder estar obrigado ao pagamento".

A sub-rogação existe, e ainda bem que existe, pois desempenha um papel socialmente muito relevante, como bem se vê. Novamente nas palavras do autor, "além de ser um problema de justiça, o instituto da sub-rogação é uma questão, fundamentalmente, de *política legislativa*". Adianto, que não é aí que reside o problema.

O problema que este escrito procura atacar é o da fixação do termo inicial – e, consequentemente, também do termo final – do prazo de prescrição a se aplicar à faculdade do segurador de exercer a sua pretensão ressarcitória contra o terceiro civilmente responsável pelo dano. A magna questão, que tem dividido a jurisprudência brasileira, como também a portuguesa, é a de saber se, ao sub-rogar-se no direito do lesado contra o terceiro, o segurador sucede àquele exatamente no ponto em que este estava, como será próprio de todo e qualquer mecanismo civilmente qualificável de transmissão de uma obrigação, ou se, ao ser investido no correspondente direito de crédito, o segurador adquire um novo título suscetível de reiniciar, nesse momento, o cômputo do prazo prescricional. A questão surge premente tendo em conta uma viragem recente na jurisprudência do Superior Tribunal de Justiça.

A meu ver, a resposta correta é a primeira. A sub-rogação é uma modalidade de transmissão das obrigações. O direito que se transmite permanece o mesmo, não se cria um direito novo por efeito da sub-rogação. Ao segurado, credor originário, não assiste transmitir mais do que aquilo que tem. A sub-rogação não se confunde com o mecanismo do direito de regresso, próprio das obrigações solidárias.

A questão não é de ordem unicamente técnica, tendo uma dimensão principiológica bastante relevante. A prescrição funda-se no princípio da não vinculação perpétua. Aplica-se a direitos que não são intrinsecamente a prazo. Simplesmente, no jogo de forças entre a proteção do titular ativo de um direito de crédito e a salvaguarda da posição do titular passivo, a certa altura o equilíbrio começa a pender para o lado de cá, assumindo a primazia a tutela da segurança e da certeza jurídicas de quem se vê há demasiado tempo sem saber se o titular ativo fará ou não valer o seu direito, a que acrescem razões de ordem pública da proteção geral da segurança no tráfico jurídico.

E aí é que reside o cerne da questão. Não há paralelo entre a sub-rogação do segurador no direito de crédito do segurado contra o terceiro responsável pelo dano e o direito de regresso, próprio das relações de solidariedade, pois não há um vínculo de solidariedade entre o segurador e o terceiro, ou qualquer outro vínculo anterior à sub-rogação. Até aí, segurador e terceiro são dois completos estranhos. Como estranho seria fazer depender o prazo de prescrição relativo a uma obrigação do terceiro de algo que este não controla nem conhece: a conduta de uma entidade que com ele não se relaciona. Como sujeitar o devedor a um prazo cujo termo inicial este potencialmente desconhece? De que modo isso contribuiria para a segurança no tráfico jurídico?

É também essa a conclusão a que chega o autor deste texto – perdoem-me o *spoiler.*

> O novo entendimento distorce o espírito da verdadeira sub-rogação, confere à seguradora o direito de manipular o nascimento de sua pretensão, afrouxa sua obrigação de prestar a garantia o mais prontamente possível e submete o devedor a um *estado de sujeição indefinido no tempo.* Ofensa aos princípios constitucionais da dignidade da pessoa humana e da segurança jurídica, atraindo a eficácia horizontal dos direitos fundamentais nesse tipo de relação privada.

Termino como comecei, manifestando uma vez mais o duplo gosto de prefaciar a obra de um autor que prezo, juntando a minha voz à sua na defesa de uma posição que se me afigura correta.

Margarida Lima Rego
Professora associada e subdiretora da NOVA School of Law,
Universidade Nova de Lisboa

introdução

A presente obra pretende investigar um problema ainda não enfrentado pela doutrina brasileira e muito mal resolvido nos tribunais. A questão envolve a natureza e os efeitos da sub-rogação empreendida nos contratos de seguro, especificamente a questão ligada ao termo inicial (*dies a quo*) do prazo de prescrição de que dispõe a companhia seguradora para exercer sua pretensão ressarcitória contra o autor do dano (ou seu responsável). O entendimento que prevalece hoje é o de que a seguradora, ao indenizar o segurado, ganha prazo prescricional integralmente novo para exercer seu "direito de regresso" perante o responsável.

Nossa proposta aqui é revisitar esse assunto, discutir suas bases, mostrar como surgiu a atual jurisprudência do Superior Tribunal de Justiça, fruto em grande parte da confusão que se faz no Brasil entre sub-rogação e direito de regresso, e propor uma nova solução para o problema. Mostraremos que a companhia de seguros, no sistema jurídico brasileiro, não ganha o direito ao reinício do prazo prescricional, mas apenas *herda uma pretensão que lhe foi transferida com prazo em curso*. Vejamos o porquê dessa proposição.

I.

sub-rogação no sistema geral das obrigações

Antes de entrar na disciplina específica dos contratos de seguro, é preciso entender como funciona esse mecanismo no sistema geral das obrigações.

A sub-rogação é a *transferência* de um crédito a favor de quem pagou a dívida de terceiro ou lhe emprestou o necessário para tanto.[1] A pessoa que pagou a dívida (sub-rogado) assume o lugar do credor primitivo, operando-se uma *substituição* no polo ativo da relação

---

1 BEVILAQUA, Clovis. *Direito das obrigações*. Edição histórica. Rio de Janeiro: Rio, 1977, p. 123; e BARROS MONTEIRO, Washington de. *Curso de Direito Civil* – direito das obrigações. 1ª parte, vol. 4, São Paulo: Saraiva, 2003, p. 277.

obrigacional com os mesmos direitos e garantias do antecessor.[2] O sub-rogado fica investido na posição jurídica até então pertencente ao credor satisfeito.[3]

O terceiro, por sua vez, continua a carregar essa dívida junto ao novo credor sub-rogado. Isso porque a obrigação não se extingue, a não ser perante o antigo

---

2 Na literatura tradicional: PONTES DE MIRANDA, F. C. *Tratado de Direito Privado*. 3ª ed. São Paulo: Revista dos Tribunais, 1984, vol. 24, p. 283; CARVALHO SANTOS, J. M. *Código Civil brasileiro interpretado* – direito das obrigações (arts. 972-1036). 11ª ed. Rio de Janeiro: Freitas Bastos, 1982, vol. 13, p. 56; e BARROS MONTEIRO, Washington de. *Curso de Direito Civil* – direito das obrigações. 1ª parte, vol. 4. São Paulo: Saraiva, 2003, p. 279. Em autores mais modernos: MARTINS-COSTA, Judith. *In*: TEIXEIRA, Sálvio de Figueiredo (Coord.). *Comentários ao novo Código Civil*, vol. 11, tomo I, Rio de Janeiro: Forense, 2004, p. 430; TARTUCE, Flávio. *Manual de Direito Civil*. 6ª ed. vol. único, São Paulo: Método, 2016, p. 423; COELHO, Fábio Ulhoa. *Obrigações* – responsabilidade civil. 3ª ed. vol. 2, São Paulo: Saraiva, 2009, p. 135; FARIAS, Cristiano Chaves de; ROSENVALD, Nelson. *Curso de Direito Civil* – direito das obrigações. 7ª ed. vol. 2, Salvador: JusPodivm, 2013, p. 518; MIRAGEM, Bruno. *Direito Civil* - direito das obrigações. 2ª ed. São Paulo: Saraiva, 2018, p. 401; BDINE JR., Hamid Charaf. *In*: PELUSO, Ministro Cezar (Coord.). *Código Civil comentado*: doutrina e jurisprudência. 11ª ed. São Paulo: Manole, 2017, p. 316; e STIGLITZ, Rubén S. *Derecho de seguros*. 5ª ed. tomo III, Buenos Aires: La Ley, 2008, p. 281.

3 GALVÃO TELLES, Inocêncio. *Direito das obrigações*. 7ª ed. Coimbra: Coimbra, 1997, p. 290.

credor.[4] É uma forma de pagamento – lembra Serpa Lopes – que "mantém viva sempre a mesma obrigação", embora com satisfação do credor originário.[5]

Há duas espécies de sub-rogação previstas no sistema: a sub-rogação *legal* e a *convencional.* A sub-rogação *legal*, automática, de pleno direito, ocorre em três situações típicas, sendo a mais comum a hipótese do *terceiro interessado* que paga a dívida pela qual era ou podia ser obrigado no todo ou em parte (CC/02, art. 346, inc. III).

Já a sub-rogação *convencional* se dá nos casos em que (a) o credor recebe o pagamento de terceiro e expressamente lhe transfere todos os seus direitos; e (b) quando terceira pessoa empresta ao devedor a quantia precisa para solver a dívida, sob a condição expressa de ficar o mutuante sub-rogado nos direitos do credor satisfeito (CC/02, art. 347, inc. I e II).

Em qualquer das hipóteses, legal ou convencional, o novo credor sub-rogado adquire o próprio *crédito* originário, recebendo-o com todas as qualidades,

---

4 ESPÍNOLA, Eduardo. *Garantia e extinção das obrigações* – obrigações solidárias e indivisíveis. Campinas: Bookseller, 2005, p. 43; e BARROS MONTEIRO, Washington de. *Curso de Direito Civil* – direito das obrigações. 1ª parte, vol. 4. São Paulo: Saraiva, 2003, p. 280.

5 SERPA LOPES, Miguel Maria de. *Curso de Direito Civil.* Obrigações em geral. 5ª ed. vol. 2, Rio de Janeiro: Freitas Bastos, 1989, pp. 200/201.

privilégios e garantias da relação jurídica primitiva.[6] Lembre-se: a obrigação não se extingue com o pagamento. Altera-se apenas a situação jurídica ativa, de modo que o credor passa a ser outro. A vantagem da sub-rogação é essa transferência ao sub-rogado do *crédito* carregado das mesmas garantias e acessórios. Se não houvesse esse incentivo, dificilmente alguém se disporia a resgatar uma dívida alheia.[7]

Por outro lado, lembra Caio Mário da Silva Pereira, essa substituição dá ao sub-rogado todas as vantagens do crédito e seus acessórios, mas também

6 No Brasil: RODRIGUES, Silvio. *Direito Civil* – parte geral das obrigações. 30ª ed. vol. 2, São Paulo: Saraiva, 2002, p. 176. Em Portugal: ALMEIDA COSTA, Mário Júlio de. *Direito das obrigações*. 12ª ed. Coimbra: Almedina, 2016, p. 821; GALVÃO TELLES, Inocêncio. *Direito das obrigações*. 7ª ed. Coimbra: Coimbra, 1997, pp. 282/283. Na Argentina: STIGLITZ, Rubén S. *Derecho de seguros*. 5ª ed. tomo III, Buenos Aires: La Ley, 2008, p. 281.

7 SERPA LOPES, Miguel Maria de. *Curso de Direito Civil*. Obrigações em geral. 5ª ed. vol. 2, Rio de Janeiro: Freitas Bastos, 1989, p. 202; KLANG, Márcio. "O instituto da sub-rogação". *Revista dos Tribunais*, nº 661, p. 23, nov. 1990; DIDIER JR., Fredie; BOMFIM, Daniela Santos. "A sub-rogação prevista no art. 786 do Código Civil e a convenção de arbitragem celebrada pelo segurado". *Revista de Direito Civil Contemporâneo*, vol. 24, ano 7, p. 95. São Paulo: Revista dos Tribunais, jul. set. 2020. Na Argentina: STIGLITZ, Rubén; STIGLITZ, Gabriel. *Contrato de seguro*. Buenos Aires: La Rocca, 1988, p. 495.

seus ônus, inconvenientes, falhas e defeitos. Em suas palavras: "suporta o sub-rogado, evidentemente, todas as exceções que o sub-rogante teria de enfrentar".[8] As defesas objetivamente oponíveis pelo devedor sobrevivem à sub-rogação, e o sub-rogado não pode ficar em situação mais vantajosa do que a ocupada pelo credor que o antecedeu.[9]

---

8 PEREIRA, Caio Mário da Silva. *Instituições de Direito Civil:* teoria geral das obrigações. 20ª ed. vol. 2, Rio de Janeiro: Forense, 2004, p. 228. Nesse sentido: MARTINS-COSTA, Judith. *In*: TEIXEIRA, Sálvio de Figueiredo (Coord.). *Comentários ao novo Código Civil*. vol. 11, tomo I, Rio de Janeiro: Forense, 2004, p. 461.

9 FARIAS, Cristiano Chaves de; ROSENVALD, Nelson. *Curso de Direito Civil* – direito das obrigações. 7ª ed. vol. 2, Salvador: JusPodivm, 2013, p. 524; ROCHA, Francisco Rodrigues. "Sub-rogação do segurador nos seguros de danos nos direitos português e brasileiro: eficácia, âmbito de aplicação, exceções oponíveis e ónus de a não prejudicar". *Revista Jurídica de Seguros*. Rio de Janeiro: Confederação Nacional das Seguradoras, n. 8, maio, 2018, p. 161.

II.

sub-rogação nos contratos de seguro

O Código Comercial do Império do Brasil (1850), em dois dispositivos, previu a sub-rogação do segurador nos direitos, ações e vantagens que caberiam ao segurado na disciplina do seguro marítimo (art. 728[10]

---

10 Com, art. 728. "Pagando o segurador um dano acontecido à coisa segura, ficará subrogado em todos os direitos e ações que ao segurado competirem contra terceiro; e o segurado não pode praticar ato algum em prejuízo do direito adquirido dos seguradores".

e 795[11]).[12] Cuidava-se de sub-rogação legal, de pleno direito, reconhecida na doutrina civilista[13] e por muito tempo no Supremo Tribunal Federal.[14]

O Código Civil de 1916, por sua vez, nada falou sobre o assunto, o que gerou um grande debate na época para saber se esse mecanismo poderia ou não ser estendido aos seguros terrestres. Era comum se dizer que o instituto da sub-rogação legal reclama interpretação *estrita*, não comportando analogia.[15]

---

11 CCom, art. 795. "Se o segurador tiver pago uma perda total, e depois vier a provar-se que ela foi só parcial, o segurado não é obrigado a restituir o dinheiro recebido; mas neste caso o segurador fica sub rogado em todos os direitos e ações do segurado, e faz suas todas as vantagens que puderem resultar dos efeitos salvos".

12 De origem semelhante dá conta a doutrina portuguesa: GOMES, Júlio Manuel Vieira. "Da sub-rogação legal do segurador à luz da nova Lei do Contrato de Seguro (Decreto-Lei nº 72/2008, de 16 de abril)". *In*: OTERO, Paulo; ARAÚJO, Fernando; GAMA, João Taborda da (Coord.). *Estudos em memória do prof. doutor J. L. Saldanha Sanches*. Direito Privado, Processual e Criminal. vol. 2, Coimbra: Coimbra, 2011, p. 448.

13 BEVILAQUA, Clovis. *Direito das obrigações*. Edição histórica. Rio de Janeiro: Rio, 1977, p. 124.

14 STF, 2ª Turma, RE 101.353-2/PR, Min. Aldir Passarinho, j. 14.09.1984.

15 CARVALHO SANTOS, J. M. *Código Civil brasileiro interpretado* – direito das obrigações (arts. 972-1036). 11ª ed. Rio de Janeiro: Freitas Bastos, 1982, vol. 13, p. 62; BARROS

Quem abordava a posição da seguradora, a título de terceiro interessado, reportava-se ao seguro marítimo.[16] Outros expunham o tema de forma mais abrangente, sem tomar partido entre as esferas marítima e terrestre.[17]

A nosso ver, não havia razão para admitir a sub-rogação no seguro marítimo e negá-la no terrestre. O fundamento jurídico é o mesmo e o art. 728 do velho Código Comercial era amplo o suficiente para credenciar a companhia de seguros como terceiro interessado que paga a dívida pela qual era ou podia ser obrigado no todo ou em parte (CC/16, art. 985, III).[18]

MONTEIRO, Washington de. *Curso de Direito Civil* – direito das obrigações. 1ª parte, vol. 4, São Paulo: Saraiva, 2003, p. 279; SERPA LOPES, Miguel Maria de. *Curso de Direito Civil*. Obrigações em geral. 5ª ed. vol. 2, Rio de Janeiro: Freitas Bastos, 1989, p. 202; e KLANG, Márcio. "O instituto da sub-rogação". *Revista dos Tribunais*, nº 661, p. 24, nov. 1990.

16 BEVILAQUA, Clovis. *Direito das obrigações*. Edição histórica. Rio de Janeiro: Rio, 1977, p. 124.

17 GOMES, Orlando. *Obrigações*. 17ª ed. Rio de Janeiro: Forense, 2009, p. 143; SERPA LOPES, Miguel Maria de. *Curso de Direito Civil*. Obrigações em geral. 5ª ed. vol. 2, Rio de Janeiro: Freitas Bastos, 1989, p. 206; CARVALHO SANTOS, J. M. *Código Civil brasileiro interpretado* – direito das obrigações (arts. 972-1036). 11ª ed. vol. 13, Rio de Janeiro: Freitas Bastos, 1982, p. 81; KLANG, Márcio. "O instituto da sub-rogação". *Revista dos Tribunais*, nº 661, p. 23, nov. 1990.

18 PONTES DE MIRANDA, F. C. *Tratado de Direito Privado*. 3ª ed. vol. 24, São Paulo: Revista dos Tribunais,

O fato é que a interpretação restritiva não prevaleceu nos tribunais brasileiros. No final de 1963, quando instituída no Regimento Interno do STF a Súmula da Jurisprudência Predominante,[19] idealizada pelo então Min. Victor Nunes Leal como "método de trabalho" para racionalizar a atividade jurisdicional,[20] foi editado o Verbete 188 em matéria de seguros, que dizia: "o segurador tem ação regressiva contra o

---

1984, p. 290; ALVIM, Pedro. *O contrato de seguro*. 3ª ed. Rio de Janeiro: Forense, 2001, p. 480. BARREIRA, Wagner. "Sub-rogação do segurador". *In*: NOGUEIRA, Adalício *et al*. (Coord.). Estudos *Jurídicos em Homenagem ao Professor Orlando Gomes*. Rio de Janeiro: Forense, 1979, pp. 153/154; e NERY JR., Nelson. "Citação e arbitragem - anti injunction jurisdiction ou anti-suit injunction". *In*: NERY JR., Nelson. *Soluções práticas de Direito*. vol. 5, São Paulo: Revista dos Tribunais, 2014, p. 185.

19 A Súmula da Jurisprudência Predominante do STF (no singular) era o conjunto das proposições, identificadas por verbetes específicos, que resumiam a jurisprudência firme do tribunal, BARBOSA MOREIRA, J. C. "A Emenda Constitucional nº 45 e o processo". *In:* BARBOSA MOREIRA, J. C. *Temas de Direito Processual*. série 9, São Paulo: Saraiva, 2007, pp. 27/28.

20 A súmula não tinha força de lei. Era uma "síntese de jurisprudência", um "método de trabalho" destinado a ordenar e facilitar a tarefa judicante, procurando também evitar a "anarquia jurisprudencial" (LEAL, Victor Nunes. "Passado e futuro da súmula do STF". *Revista de Direito Administrativo*, nº 145, pp. 1-20, 1981).

causador do dano, pelo que efetivamente pagou, até ao limite previsto no contrato de seguro".

Esse enunciado foi produto do julgamento de casos envolvendo sinistros na atividade do transportador rodoviário de carga, tendo a Corte estendido o benefício da sub-rogação prevista no Código Comercial da disciplina dos seguros marítimos para os seguros terrestres.[21] Por outro lado, independentemente de não haver previsão legal específica para os seguros terrestres, muito se discutiu sobre a própria razão de ser da sub-rogação em favor das companhias de seguro.

---

21 Os acórdãos que o STF relaciona como fonte da Súmula 188 não representam verdadeiros precedentes do ponto de vista qualitativo. No RE 40.747-CE, a Corte não conheceu do recurso e, por isso, não houve discussão alguma no Colegiado (1ª Turma, Min. Henrique D'Ávila, j. 29.10.1959). No RE 48.459-SP, houve divergência, prevalecendo a posição favorável à sub-rogação (2ª Turma, rel. p/ acórdão Min. Victor Nunes Leal, j. 29.08.1961). No RE 26.989-EI/Guanabara, também não houve discussão, mas mera aplicação do entendimento então favorável à sub-rogação (Pleno, Min. Gonçalves de Oliveira, j. 19.04.1963).

2.1 A SEGURADORA É TERCEIRO INTERESSADO COM RESPONSABILIDADE PRÓPRIA

O entendimento jurisprudencial recebeu forte crítica de setor relevante da doutrina. Sustentou-se não haver justificativa, nem jurídica, nem econômica, para a seguradora fazer jus à pretensão sub-rogatória contra o terceiro.[22] A explicação para essa objeção é o fato de que, quando indeniza o segurado, ela o faz por *dívida própria*, débito que decorre do risco por ela assumido, e não por *dívida alheia*.[23] Alega-se também que ela não sofre prejuízo, porque já recebeu os prêmios

---

22 PORTO, Mário Moacyr. "Da cumulação do benefício do seguro terrestre com a indenização devida pelo autor do dano". *In*: PORTO, Mário Moacyr. *Ação de responsabilidade civil e outros estudos*. São Paulo: Revista dos Tribunais, 1966, p. 46. Antes da Súmula 188: OLIVEIRA, A. Gonçalves. "Seguros – sub-rogação – transporte marítimo e transporte terrestre". *Revista Forense*, nº 111, p. 59, maio 1947; e COSTA, Moacir Lobo da. "Da sub-rogação legal em favor do segurador terrestre no direito civil comparado". *Revista Forense*, nº 147, p. 38, maio-junho 1953.

23 Ainda hoje, entre autores modernos, se aponta "algo de estranho nesta sub-rogação" (TZIRULNIK, Ernesto; CAVALCANTI, Flávio de Queiróz B.; PIMENTEL, Ayrton. *O contrato de seguro de acordo com o Código Civil brasileiro*. 3ª ed. São Paulo: Revista dos Tribunais, 2016, p. 201).

que lhe foram pagos como contraprestação da garantia, equilibrando o mutualismo de sua operação.[24]

Concordamos em parte com a crítica. De fato, a seguradora tem *dívida própria* que decorre da responsabilidade securitária pelo risco assumido.[25] Porém, isso não invalida sua legitimidade para assumir o lugar do segurado. Ao contrário, até reforça. O que torna o sujeito interessado em resgatar dívida alheia é a circunstância de estar ou poder estar obrigado ao pagamento.[26] É o terceiro que tem interesse no cumprimento da obrigação junto ao credor, sob

---

24 Com fortes objeções à sub-rogação, porém voltadas ao seguro de pessoas: PORTO, Mário Moacyr. "Ação da seguradora contra o terceiro causador do sinistro". *In*: PORTO, Mário Moacyr. *Ação de responsabilidade civil e outros estudos*. São Paulo: Revista dos Tribunais, 1966, pp. 24-30; e PORTO, Mário Moacyr. "Algumas notas sobre seguros de indenização e seguros pessoais". *In*: PORTO, Mário Moacyr. *Temas de responsabilidade civil*. São Paulo: Revista dos Tribunais, 1989, pp. 141-143. Na Argentina: HALPERIN, Isaac. *Seguros*. Exposición crítica de las leyes 17.418 y 20.091. 2ª ed. vol. 2, Buenos Aires: Depalma, 1983, p. 718.

25 MARTINS-COSTA, Judith. *In*: TEIXEIRA, Sálvio de Figueiredo (Coord.). *Comentários ao novo Código Civil*. vol. 9, tomo I, Rio de Janeiro: Forense, 2004, p. 443.

26 ARRUDA ALVIM, José Manoel de. "Sub-rogação de crédito no direito cambiário". In: ARRUDA ALVIM, José Manoel de. *Soluções práticas de Direito*., vol. 2, pp. 899-910, ago. 2011.

pena de ser afetado em seu patrimônio, efetiva ou potencialmente.[27]

A companhia de seguros assume a obrigação de garantir proteção ao *interesse legítimo* do segurado relacionado com o seu patrimônio sujeito a risco (CC, art. 757). A ideia de interesse demonstra que o contrato de seguro protege não a coisa em si, mas o interesse de preservação que alguém tem sobre ela, ou seja, a *relação de natureza econômica* que o segurado mantém com a coisa ou pessoa sujeita a risco.[28] O produto dessa obrigação de prestar garantia poderá ser o pagamento da indenização devida para cobrir as consequências do dano causado ao segurado. Assim, a dívida da seguradora nasce de

---

27 COELHO, Fábio Ulhoa. *Obrigações* – responsabilidade civil. 3ª ed. vol. 2, São Paulo: Saraiva, 2009, p. 106; GALVÃO TELLES, Inocêncio. *Direito das obrigações*. 7ª ed. Coimbra: Coimbra, 1997, p. 287.

28 ASCARELLI, Tullio. "O conceito unitário do contrato de seguro". *In*: ASCARELLI, Tullio. *Problemas das Sociedades Anônimas e Direito Comparado*. São Paulo: Saraiva, 1945, p. 223; COMPARATO, Fábio Konder. *O seguro de crédito*. São Paulo: Revista dos Tribunais, 1968, pp. 25/26; TZIRULNIK, Ernesto; CAVALCANTI, Flávio Queiroz B.; PIMENTEL, Ayrton. *O contrato de seguro de acordo com o Código Civil brasileiro*. 3ª ed. São Paulo: Roncarati, 2016, p. 44; MELO, Gustavo de Medeiros. *Ação direta da vítima no seguro de responsabilidade civil*. São Paulo: Contracorrente, 2016, pp. 51-53.

sua obrigação assumida no contrato de seguro antes mesmo de ocorrer o acidente.[29]

Nessa perspectiva, a companhia de seguros tem responsabilidade própria, mas continua sendo *terceiro interessado* na solução do problema havido entre seu segurado e a pessoa que lhe causou dano. Ela tem a obrigação de devolver o segurado ao seu estado de indenidade anterior, mas dentro de um *compartilhamento* de responsabilidades pelo pagamento da indenização.

Se houver cobertura, a seguradora responde até o limite máximo da garantia (CC, art. 781). Se a cobertura for plena, o segurado estará devidamente indenizado pela garantia do seguro, não podendo receber dupla indenização.[30] Porém, se a cobertura, eventualmente, não for suficiente para cobrir toda a extensão do prejuízo, o autor do dano (ou responsável)

---

29 MARTINS, Maria Inês de Oliveira. Seguro e responsabilidade civil. *Boletim da Faculdade de Direito da Universidade de Coimbra*, nº 1, p. 244, 2020.

30 Na Itália: TORRE, Antonio La. "Il punto sulla surrogazione dell'assicuratore". *Assicurazioni – Rivista di diritto, economia e finanza delle assicurazioni private*, anno 45, fasc. 4-5, p. 342, lug. - ott. 1978. Nos EUA: KIMBALL, Spencer L.; DAVI, Don A. "The extension of insurance subrogation". *Michigan Law Review*, nº 60, n. 7, p. 869, may 1962. Na Espanha: CONDE, M.ª Maria Ángeles Calzada. "La subrogación del asegurador y la protección de los intereses de los asegurados". *Revista de Derecho Mercantil*, n. 270, Madrid, oct.-dic. 2008, p. 1397.

continua vinculado ao segurado pela parcela do prejuízo que sobejar a importância segurada.

De todo modo, em qualquer das situações, em maior ou menor medida, o autor do dano permanece em dívida, agora transferida à seguradora que resolveu seu problema perante o segurado. Isso mostra que todo esse *compartilhamento* de responsabilidades é um esforço do sistema de seguro voltado a indenizar a vítima do dano (segurado) em razão do não cumprimento de uma obrigação a cargo de terceiro.

Em outras palavras, a companhia seguradora tem responsabilidade própria, fundada no contrato de seguro, mas o cumprimento de sua prestação indenizatória tem o efeito de solver uma *dívida alheia*,[31] ao menos perante o segurado, decorrente de ato ilícito que ela (seguradora) não praticou. Essa dívida

---

31 Entre os portugueses: GOMES, Júlio Manuel Vieira. "Da sub-rogação legal do segurador à luz da nova lei do contrato de seguro (Decreto-Lei nº 72/2008, de 16 de abril)". *In*: OTERO, Paulo; ARAÚJO, Fernando; GAMA, João Taborda da (Coord.). *Estudos em memória do prof. doutor J. L. Saldanha Sanches*. Direito Privado, Processual e Criminal. vol. 2, Coimbra: Coimbra, 2011, p. 450; e ROCHA, Francisco B. F. Rodrigues. "Sub-rogação do segurador e prescrição – comentário ao Acórdão do Tribunal da Relação de Évora de 10 de março de 2016, proc. n. 436/12.4TBMRA.E1". *Revista de Direito e de Estudos Sociais*, ano 57, n. 1-4, p. 387, jan. dez. 2016.

é de outrem, originariamente.[32] Ela é *coobrigada* com interesse em extinguir a dívida perante o segurado, motivo pelo qual veste bem a qualificação de *terceiro interessado*, nos exatos termos do inc. III do art. 346 do Código Civil.[33]

Além disso, aquele que causou o dano não pode ficar imune pelo simples fato de ter a sorte de encontrar alguém disposto a financiar a recomposição do prejuízo no seu lugar,[34] uma espécie de "impunidade

---

32 Embora parta da premissa de que o segurador paga por *dívida alheia*, Pedro Alvim considera que a sub-rogação é natural à cobertura do risco causado por terceiro (ALVIM, Pedro. *O contrato de seguro*. 3ª ed. Rio de Janeiro: Forense, 2001, pp. 489/490).

33 Sob o CC/16: BARREIRA, Wagner. "Sub-rogação do segurador". *In*: *Estudos Jurídicos em Homenagem ao Professor Orlando Gomes*. Rio de Janeiro: Forense, 1979, p. 150; SERPA LOPES, Miguel Maria de. *Curso de Direito Civil. Fontes das Obrigações:* Contratos. 5ª ed. vol. 4, Rio de Janeiro: Freitas Bastos, 1999, p. 457; PONTES DE MIRANDA, F. C. *Tratado de Direito Privado*. 3ª ed. vol. 45, São Paulo: Revista dos Tribunais, 1984, p. 341; CARVALHO SANTOS, J. M. *Código Civil brasileiro interpretado* – direito das obrigações (arts. 972-1036). 11ª ed. vol. 13, Rio de Janeiro: Freitas Bastos, 1982, p. 79. Sob o CC/02: TEPEDINO, Gustavo (*et al.*). *Código Civil interpretado conforme a Constituição da República*. 2ª ed. vol. 2, Rio de Janeiro: Renovar, 2012, p. 596.

34 No Brasil: ALVIM, Pedro. *O contrato de seguro*. 3ª ed. Rio de Janeiro: Forense, 2001, p. 477. Na Argentina: STIGLITZ, Rubén S. *Derecho de seguros*. 5ª ed. tomo III, Buenos Aires:

civil".[35] A dívida continua sendo sua perante a vítima ou perante quem se dispôs a resolver o problema.[36]

Entre civilistas, costuma-se dizer que a sub-rogação nos contratos de seguro é uma questão de justiça ou equidade para restabelecer o equilíbrio rompido

---

La Ley, 2008, p. 275. Na Espanha: SALVAT, María Rosa Isern. "Disposiciones generales sobre la cobertura del siniestro". *In*: EIRAS, M.e Rocío Quintáns; OTERO, Lorena Cecilia Ramirez (Coord.). *Estudios sobre el contrato de seguro*. Breña: Instituto Pacífico, 2017, p. 539; e CONDE, M.a Maria Ángeles Calzada. "La subrogación del asegurador y la protección de los intereses de los asegurados". *Revista de Derecho Mercantil*, nº 270, Madrid, oct. - dic. 2008, p. 1395.

35 Esse argumento foi utilizado com propriedade pelo Min. Néri da Silveira em importante precedente do STF dos anos 80: "assim transferidos ao segurador os direitos e ações, fica afastada a possibilidade da dupla indenização, não desejada pela ordem civil. De outra parte, transferidos ao segurador, na exata medida da indenização que pagar ao segurado, os direitos que lhe assistem contra o causador do dano, certo está que, do contrato de seguro, não se há de garantir ao responsável pelo sinistro a impunidade civil. Dessa sorte, o pagamento do seguro terá apenas o efeito de substituir o credor da indenização, não modificando nem extinguindo a responsabilidade do terceiro pela reparação dos danos causados" (STF, 1ª Turma, RE 104.655-4/PE, Min. Sydney Sanches, j. 26.08.1988, *Revista dos Tribunais*, 640/205).

36 O STF rechaçou o argumento de que o segurador não seria um terceiro pelo fato de indenizar como contraprestação pelos prêmios recebidos: 2ª Turma, RE 107.203-2/PR, Min. Carlos Madeira, j. 12.11.1985.

e lançar o peso definitivo da dívida sobre aquele que deve realmente suportá-la.[37] Do contrário, haveria um estado de "ilicitude inatacável", na expressão de Pontes de Miranda.[38] Por outro lado, além de ser um

---

37 SERPA LOPES, Miguel Maria de. *Curso de Direito Civil.* Fontes das obrigações: contratos. 5ª ed. vol. 4, Rio de Janeiro: Freitas Bastos, 1999, p. 457; MARTINS-COSTA, Judith. *In*: TEIXEIRA, Sálvio de Figueiredo (Coord.). *Comentários ao novo Código Civil.* vol. 11, tomo I, Rio de Janeiro: Forense, 2004, p. 432; FARIAS, Cristiano Chaves de; ROSENVALD, Nelson. *Curso de Direito Civil* – direito das obrigações. 7ª ed. vol. 2, Salvador: JusPodivm, 2013, p. 518; ZULIANI, Ênio Santarelli. *In*: NANNI, Giovanni Ettore (Coord.). *Comentários ao Código Civil* – Direito Privado contemporâneo. São Paulo: Saraiva, 2019, p. 1158; GODOY, Cláudio Luiz Bueno de. *In*: PELUSO, Ministro Cezar (Coord.). *Código Civil comentado*: doutrina e jurisprudência. 11ª ed. São Paulo: Manole, 2017, p. 773; e DELGADO, José Augusto. *In*: TEIXEIRA, Sálvio de Figueiredo (Coord.). *Comentários ao novo Código Civil.* vol. 11, tomo I, Rio de Janeiro: Forense, 2004, p. 538.

38 Embora reconhecendo que o segurador paga dívida própria, Pontes de Miranda justifica a sub-rogação: "em todo caso, o que não se pode negar é que, se o terceiro tem responsabilidade, foi ele que causou, por culpa sua, ou em virtude de lei sobre responsabilidade dita objetiva (ato-fato ou fato ilícito, ou fato *stricto sensu*), e responde, na espécie, a quem com isso *sofrer*. O segurador assumiu o risco. Assumindo-o, a ele é que há de caber verificar-lhe a extensão e as causas. Se não se admite a sub-rogação pessoal, deixa-se em suspenso a situação: o segurado, que recebeu, pode não ter interesse fáctico na luta com o terceiro; o segurador sofreu com os fatos oriundos do terceiro, e ficaria diante de

problema de justiça, o instituto da sub-rogação é uma questão, fundamentalmente, de *política legislativa*[39] voltada a conferir estrutura e equilíbrio às bases técnicas da atividade empresarial.[40]

2.2 SUB-ROGAÇÃO NO CÓDIGO CIVIL DE 2002

O Código Civil de 2002 preencheu o espaço que havia no quadro normativo até então. No grupo dos chamados seguros de *danos* (patrimoniais), o art. 786 prescreve que, paga a indenização, o segurador sub-roga-se, nos limites do valor respectivo, nos

---

ilicitude inatacável (...). Por outro lado, seria inadmissível a solução de, com o sinistro e a prestação do seguro pelo segurador, liberar-se o responsável pelo dano" (PONTES DE MIRANDA, F. C. *Tratado de Direito Privado*. 3ª ed. vol. 45, São Paulo: Revista dos Tribunais, 1984, p. 341).

39 HALPERIN, Isaac. *Seguros*. Exposición crítica de las leyes 17.418 y 20.091. 2ª ed. vol. 2, Buenos Aires: Depalma, 1983, p. 719.

40 SALVAT, María Rosa Isern. "Disposiciones generales sobre la cobertura del siniestro". *In*: EIRAS, M.ª Rocío Quintáns; OTERO, Lorena Cecilia Ramirez (Coord.). *Estudios sobre el contrato de seguro*. Breña: Instituto Pacífico, 2017, p. 542; TORRE, Antonio La. "Il punto sulla surrogazione dell'assicuratore". *Assicurazioni – Rivista di diritto, economia e finanza delle assicurazioni private*, anno 45, fasc. 4-5, lug. - ott. 1978, p. 342.

direitos e *ações* que competirem ao segurado contra o autor do dano.

Assim, a lei estabeleceu que a seguradora, ao indenizar seu segurado, quando vítima de um sinistro, tem o direito de se voltar contra o causador do dano (ou seu responsável)[41] em ação de ressarcimento. Já em relação aos seguros de *pessoas* (seguro sobre a vida e integridade física), o legislador foi categórico em vedar a sub-rogação, dizendo: "nos seguros de pessoas, o segurador não pode sub-rogar-se nos direitos e ações do segurado, ou do beneficiário, contra o causador do sinistro" (CC, art. 800).[42]

---

41 No polo passivo, pode-se encontrar pela frente, como responsável, até mesmo outra seguradora, fenômeno a que temos chamado de *ação direta de ressarcimento entre seguradoras*: MELO, Gustavo de Medeiros. *Ação direta da vítima no seguro de responsabilidade civil.* São Paulo: Contracorrente, 2016, p. 157. Na literatura portuguesa: GOMES, Júlio Manuel Vieira. "Da sub-rogação legal do segurador à luz da nova lei do contrato de seguro (Decreto-Lei nº 72/2008, de 16 de abril)". *In*: OTERO, Paulo; ARAÚJO, Fernando; GAMA, João Taborda da (Coord.). *Estudos em memória do prof. doutor J. L. Saldanha Sanches.* Direito Privado, Processual e Criminal. Coimbra: Coimbra, 2011, vol. 2, p. 456. Na literatura espanhola: CONDE, M.ª Maria Ángeles Calzada. "La subrogación del asegurador y la protección de los intereses de los asegurados". *Revista de Derecho Mercantil*, nº 270, Madrid, oct.-dic. 2008, p. 1415.

42 Essa vedação pressupõe que os seguros de pessoas nunca têm caráter indenizatório, o que parece um exagero, a

Hipótese de sub-rogação *legal*[43] que se opera independentemente da vontade do segurado ou do terceiro.[44] A questão agora é saber *o que* efetivamente

---

exemplo do que acontece no seguro de perda de renda por invalidez temporária decorrente de acidente causado por terceiro (TZIRULNIK, Ernesto; CAVALCANTI, Flávio de Queiróz B.; PIMENTEL, Ayrton. *O contrato de seguro de acordo com o Código Civil brasileiro*. 3ª ed. São Paulo: Revista dos Tribunais, 2016, p. 291). Semelhante advertência na doutrina espanhola a propósito do seguro para gastos com assistência sanitária: CONDE, M.ª Maria Ángeles Calzada. "La subrogación del asegurador y la protección de los intereses de los asegurados". *Revista de Derecho Mercantil*, nº 270, Madrid, oct.-dic 2008, p. 1393. Nos EUA, fala-se que essa é uma questão política a ser debatida e decidida no Parlamento, levando em conta todos os reflexos que podem advir da sub-rogação e de sua utilidade social, extensível aos seguros de vida e acidentes pessoais: KIMBALL, Spencer L.; DAVI, Don A. "The extension of insurance subrogation". *Michigan Law Review*, vol. 60, nº 7, p. 841, may 1962.

43 Outra hipótese de sub-rogação legal está no art. 8º da Lei do Seguro Obrigatório de Danos Pessoais causados por veículos automotores de via terrestre (DPVAT): "comprovado o pagamento, a Sociedade Seguradora que houver pago a indenização poderá, mediante ação própria, haver do responsável a importância efetivamente indenizada".

44 NERY JR., Nelson. "Citação e arbitragem - anti injunction jurisdiction ou anti-suit injunction". *In:* NERY JR., Nelson. *Soluções práticas de Direito*. vol. 5, São Paulo: Revista dos Tribunais, set. 2014, p. 185. Na jurisprudência superior: STJ, 4ª T., REsp 1.085.178-RS, Min. Marco Buzzi, j. 15.05.2014; 3ª T., REsp 1.533.886-DF, Min.ª Nancy Andrighi, j. 15.09.2016.

é transferido e *em que medida* se opera essa transferência de conteúdo da relação pretérita à esfera jurídica da seguradora.

III. o conteúdo da relação jurídica transferido à seguradora sub-rogada

A sub-rogação transporta a seguradora para dentro de uma relação jurídica alheia, produzindo o pagamento dois efeitos típicos: *liberatório* e *translativo*. O primeiro efeito libera o devedor perante o credor originário; o segundo transfere ao sujeito que satisfez a obrigação o crédito com tudo que carrega até então.[45]

---

45 MIRAGEM, Bruno. *Direito Civil* - direito das obrigações. 2ª ed. São Paulo: Saraiva, 2018, p. 408; GOMES, Orlando. *Obrigações*. 17ª ed. Rio de Janeiro: Forense, 2009, p. 144;

Na parte geral, o texto normativo fala que essa transferência compreende os *direitos, ações, privilégios e garantias* do credor primitivo, em relação à dívida, contra o devedor principal e seus fiadores (CC, art. 349). No capítulo dos seguros de danos, a lei se refere aos *direitos* e *ações* que competirem ao segurado contra o autor do dano (CC, art. 786).

Apesar de o texto específico ser mais econômico na linguagem, a interpretação deve ser sistemática entre dois dispositivos, até porque não há dúvida de que a seguradora fará proveito não só dos direitos e ações, mas também dos privilégios e garantias à disposição do segurado. No fundo, são *pretensões*, *ações*, *direitos*, *privilégios*, *garantias* e *acessórios* do crédito do segurado que se transportam para ela.

Assim, efetivado o pagamento da indenização, essa "cestinha" de situações jurídicas é automaticamente transferida à esfera da companhia com todos os *ônus* e *bônus* que a dívida carrega desde sua origem, inclusive o regime de prescrição.

---

e DIDIER JR., Fredie; BOMFIM, Daniela Santos. "A sub-rogação prevista no art. 786 do Código Civil e a convenção de arbitragem celebrada pelo segurado". *Revista de Direito Civil Contemporâneo*, nº 24, ano 7, p. 95. São Paulo: Revista dos Tribunais, jul.-set. de 2020.

IV. o regime de prescrição repassado à seguradora

A seguradora herda a própria relação jurídica de Direito Material que envolvia seu segurado e o autor do dano. Em julgado dos anos 90, o Min. Eduardo Ribeiro lembrou que a sub-rogação coloca o segurador no lugar do segurado:

> Não se litiga a propósito de direito e obrigações derivados do contrato de seguro. Efetuado o pagamento da indenização pelo segurador, esse sub-rogou-se nos direitos do segurado em relação ao causador do dano. Colocou-se em seu lugar. O que importa, por conseguinte, é a relação jurídica existente entre a vítima e o

> responsável pelos prejuízos já que, repita-se, o segurador sub-rogou-se nos direitos daquela.[46]

Logo, o prazo de prescrição que ela terá para exercer sua pretensão de ressarcimento não é o prazo de 1 ano do direito securitário (CC/02, art. 206, § 1º, II), mas, sim, o prazo de que dispunha seu segurado para acionar o terceiro que lhe causou o dano.[47] Na vigência do Código anterior, poderia ser o prazo de 20 anos (CC/16, art. 177), não havendo previsão específica.[48] Depois, sob o Código de 2002, os tribunais passaram a aplicar o regime geral de 3 anos para as pretensões de reparação civil (CC/02, art. 206, § 3º, V).[49]

Mas há uma variedade de situações que comportam regramento específico no Direito Material. Em matéria de responsabilidade civil do empresário

---

46 STJ, 3ª Turma, REsp 77.397-RJ, Min. Eduardo Ribeiro, j. 26.06.1997.

47 GOLDBERG, Ilan. "A prescrição e o contrato de seguro". *In*: GOLDBERG, Ilan. *Direito de seguro e resseguro*. Rio de Janeiro: FGV, 2012, p. 79.

48 STF, 1ª Turma, RE 104.655-4/PE, Min. Sydney Sanches, j. 26.08.1988, *Revista dos Tribunais*, 640/205; STJ, 4ª Turma, REsp 102.339-RJ, Min. Cesar Asfor Rocha, j. 17.09.1996; 4ª Turma, REsp 121.490-ES, Min. Ruy Rosado de Aguiar, j. 26.08.1997; 4ª T., REsp 9.001-PR, Min. Barros Monteiro, j. 03.12.1991.

49 STJ, 3ª Turma, AgRg no REsp 1.121.435-SP, Min. Sidnei Beneti, j. 13.03.2012.

do setor de armazém geral, o prazo a que se submete o segurador sub-rogado é de 3 meses previsto no art. 11, § 1º, do Decreto nº 1.102/1903.[50] Tem prazo de 1 ano a pretensão indenizatória por extravio, falta de conteúdo, diminuição, perdas e avarias na carga a ser transportada por via marítima (Decreto-Lei nº 116/1967, art. 8º; STF, Súmula 151).[51] A companhia de seguros pode vestir a camisa de consumidor, no lugar do seu segurado, para efeito de exercer sua pretensão no prazo de 5 anos (CDC, art. 27).[52]

Dessa forma, a sub-rogação repassa à seguradora sub-rogada o mesmo regime jurídico de prescrição que condiciona o exercício da pretensão do segurado em sua relação jurídica de origem. A questão que se abre é saber a partir de quando esse prazo prescricional passa a contar para a seguradora (*dies a quo*).

---

50 STJ, 3ª Turma, AgRg no REsp 1.378.371-SP, Min. João Otávio de Noronha, j. 15.03.2016; 3ª Turma, AgRg no AREsp 121.152-SP, Min. Ricardo Villas Bôas Cueva, j. 15.12.2015.

51 STJ, 4ª Turma, REsp 1.278.722-PR, Min. Luis Felipe Salomão, j. 24.05.2016.

52 STJ, 3ª Turma, AgRg no REsp 1.202.756-RJ, Min. Sidnei Beneti, j. 14.12.2010; TJSP, 23ª Câmara de Direito Privado, Ap. 1059808-51.2016.8.26.0100, Des. Sérgio Shimura, j. 25.10.2018; 12ª Câmara de Direito Privado, Ap. 1002363-69.2019.8.26.0068, Des. Tasso Duarte de Melo, j. 11.12.2019.

V. o termo inicial de contagem do prazo de prescrição

Como dito de início, não há debate sobre a questão específica do termo inicial de contagem do prazo na doutrina brasileira. Quando muito, fala-se que o segurado fica vinculado ao *prazo* prescricional da relação jurídica principal.[53] Nos tribunais, por muito tempo se aplicou a tese de que a sub-rogação transfere ao segurador o mesmo prazo de que dispunha o segurado em sua relação jurídica originária com

---

53 ZULIANI, Ênio Santarelli. *In*: NANNI, Giovanni Ettore (Coord.). *Comentários ao Código Civil* – Direito Privado contemporâneo. São Paulo: Saraiva, 2019, p. 1158.

o autor do dano. Isso significa não só que o marco temporal é o mesmo, mas também que seu *termo inicial* de contagem é o próprio que disparou a contagem para o segurado em sua relação original.

Desde os anos 50, o Supremo Tribunal Federal manifestou por décadas essa interpretação em sinistros de transporte marítimo, afirmando que o prazo da seguradora começa a correr do *fato anterior* que fez nascer a pretensão do segurado, e não do pagamento efetuado por ela.[54]

No Superior Tribunal de Justiça, a 4ª Turma assinalou que a seguradora sub-rogada adquire o crédito com os seus acessórios e inconvenientes, não ficando desobrigada de satisfazer as exigências legais para poder usufruí-lo, até porque não terá ela mais direitos do que tinha seu segurado contra o devedor.[55]

---

54 STF, 1ª Turma, RE 14.827-SP, Min. Ribeiro da Costa, j. 04.08.1952; 2ª Turma, RE 49.808-Guanabara, Min. Victor Nunes Leal, j. 25.09.1962; 3ª Turma, RE 58.915-Guanabara, Min. Eloy da Rocha, j. 03.03.1967; 2ª Turma, RE 87.581-MG, Min. Xavier de Albuquerque, j. 23.08.1977. Com visão diferente na doutrina: PORTO, Mário Moacyr. "Algumas notas sobre seguros de indenização e seguros pessoais". *In*: PORTO, Mário Moacyr. *Temas de responsabilidade civil*. São Paulo: Revista dos Tribunais, 1989, pp. 139/140.

55 STJ, 4ª Turma, REsp 174.353-RJ, Min. Sálvio de Figueiredo Teixeira, j. 09.11.1999.

Em outro robusto precedente, consignou-se que "a Seguradora assume o lugar de sua cliente, pois honrou integralmente com o pagamento da indenização devida. Nestes termos, recebe os mesmos direitos e deveres da sub-rogada, nos limites da sub-rogação". Nesse caso, calculou-se o prazo de prescrição que vinha correndo para o segurado.[56]

Em maio de 2016, a 4ª Turma continuava entendendo que "a seguradora sub-roga-se nos direitos e ações do segurado, após o pagamento da indenização securitária, inclusive no que tange ao prazo prescricional, para, assim, buscar o ressarcimento que realizou". Aqui, a Corte reconheceu a prescrição contra a seguradora, seguindo orientação pretoriana que conta o prazo tal como vinha fluindo da relação originária, desde quando o titular do direito violado teve ciência das avarias na carga depositada no terminal portuário.[57]

A 3ª Turma também caminhava nesse sentido, entendendo que a seguradora sub-rogada pode buscar o ressarcimento do que despendeu com a indenização securitária "dentro do prazo prescricional aplicável à relação jurídica originária", nos mesmos termos e limites que assistiam ao segurado. A expressão "dentro

---

56 STJ, 4ª Turma, REsp 705.148-PR, Min. Luis Felipe Salomão, j. 05.10.2010.

57 STJ, 4ª Turma, REsp 1.278.722-PR, Min. Luis Felipe Salomão, j. 24.05.2016.

do prazo prescricional" significava ali o movimento da seguradora *dentro do prazo em curso* que havia iniciado sua corrida antes para o segurado.[58]

No plano estadual, esse ponto foi bem captado pelo Tribunal de Justiça do Rio de Janeiro[59] e pelo Tribunal de Justiça de São Paulo.[60]

---

58 STJ, 3ª Turma, AgRg no REsp 1.121.435-SP, Min. Sidnei Beneti, j. 13.03.2012; 3ª Turma, AgRg no REsp 1.169.418-RJ, Min. Ricardo Villas Bôas Cueva, j. 06.02.2014.

59 TJRJ: "Conforme já decidiu o STJ, a sub-rogação não restringe os direitos sub-rogados (art. 988, CC/1916; art. 349, CC atual), de modo que o prazo prescricional a ser aplicado deve ser o mesmo previsto para a segurada (...). Desse modo, a seguradora teria o prazo geral de prescrição, que no Código Civil de 1916 era vintenário, pois se não houvesse o contrato de seguro, quem sofreu o prejuízo poderia acionar o causador do dano neste prazo, que hoje foi reduzido para 03 (três) anos, conforme o disposto no art. 206, §3º, V, do Código Civil. Considerando que a ação regressiva deve ser deduzida no mesmo prazo da ação que teria o titular originário do direito, entendo que o prazo prescricional começa a contar da data do próprio sinistro, que no caso ocorreu em 02/09/2006, pelo que intentada a ação somente em 25/09/2009, resta prescrita a pretensão autoral, posto que passados mais de 03 (três) anos entre a data do fato e a distribuição da presente demanda" (4ª Câmara Cível, Ap. 0024946-71.2009.8.19.0210, Des. Marcelo Buhatem, j. 13.07.2011).

60 TJSP: "A seguradora sub-rogada passa a ser titular da exata pretensão que cabia ao segurado. Assim, aplica-se-lhe, em regresso, o mesmo prazo prescricional que regia a pretensão

Porém, nem sempre a solução dessa questão foi cristalina no Tribunal Superior. Não ficou claro o que muitos julgados queriam dizer com a expressão "dentro do prazo prescricional aplicável à relação jurídica originária", havendo certa confusão entre a linguagem das ementas e o inteiro teor das decisões.

Alguns repetem esse jargão para dizer que a pretensão da seguradora se submete ao *mesmo prazo* previsto para o segurado, vale dizer, o marco temporal da relação jurídica originária. No entanto, o conteúdo dessas decisões mostra que se partiu da premissa de que o *pagamento* gerou nova pretensão com prazo a contar do zero a favor da seguradora.[61] Outros acórdãos replicam a frase-padrão, pressupondo que o pagamento gerou nova pretensão a favor da seguradora, e nada falam sobre o *termo inicial*.[62]

---

do segurado em face do causador do dano" (24ª Câmara de Direito Privado, Ap. 1000429-81.2016.8.26.0068, Des. Walter Barone, j. 29.11.2018). Com fundamentação menos explícita: TJSP, 19ª Câmara de Direito Privado, Ap. 1024391-69.2018.8.26.0002, Des. Ricardo Pessoa, j. 10.06.2019.

61 STJ, 3ª Turma, REsp 1.505.256-SP, Min. João Otávio de Noronha, j. 05.05.2016; 3ª Turma, REsp 1.651.936-SP, Min.ª Nancy Andrighi, j. 05.10.2017.

62 STJ, 3ª Turma, AgInt no REsp 1.613.489-SP, Min. Marco Aurélio Bellizze, j. 19.09.2017; 3ª Turma, AgInt no AREsp 993.258-SP, j. 10.06.2019; 3ª Turma, AgInt no REsp 1.775.224-SP, Min. Paulo de Tarso Sanseverino, j.

Nesse cenário de confusão, é preciso entender o que aconteceu entre os anos de 2015 e 2016 em três julgamentos que tocaram, expressamente, pela primeira vez, na questão do termo inicial do prazo.

21.09.2020; 4ª Turma, AgInt no AREsp 1.305.024-SP, Min. Marco Buzzi, j. 02.04.2019.

VI.

uma reviravolta não anunciada

Em 5 de fevereiro de 2015, analisando o Agravo Regimental no Agravo em Recurso Especial 598.619-SP,[63] a 4ª Turma do STJ endossou um acórdão local no sentido de que o prazo começa a correr do efetivo *pagamento* realizado pela seguradora, afirmando que "esse entendimento está em harmonia com a jurisprudência desta Corte Superior, que também entende que o início da fluência do prazo prescricional é a data do efetivo pagamento da indenização securitária (pela seguradora)".

O acórdão apontou ali cinco julgados que, segundo o relator, são representativos da jurisprudência

63 STJ, 4ª Turma, AgRg no AREsp 598.619-SP, Min. Luis Felipe Salomão, j. 05.02.2015.

da Corte.[64] Entretanto, dois apresentaram *solução oposta* à que foi anunciada, porque o prazo começou a fluir do *fato anterior* que deu nascimento à pretensão do segurado (Ag. Reg. no REsp 1.121.435-SP e REsp 705.148-PR). Desses dois, apenas o último tratou do termo inicial de contagem. Os demais não abordaram a questão.

Problema semelhante ocorreu no ano seguinte, em 5 de maio de 2016, no julgamento do Recurso Especial 1.505.256-SP.[65] Em ligeiro tópico intitulado "Termo inicial do prazo prescricional", a mesma 4ª Turma afirmou que "o pressuposto lógico do direito de regresso é o pagamento dos valores ao segurado. É esse, aliás, o entendimento firmado [pela] Terceira Turma do STJ no julgamento do REsp n. 949.434/MT, da relatoria da Ministra Nancy Andrighi, DJe de 10.06.2010".

Todavia, o aresto apontado ali, de relatoria da Min.ª Fátima Nancy Andrighi, não envolve sub-rogação.

---

64 STJ, 4ª Turma, Ag. Reg. no REsp 773.250-RJ, Min. Luis Felipe Salomão, j. 19.08.2010; 3ª Turma, Ag. Reg. no REsp 1.169.418-RJ, j. 06.02.2014; 3ª Turma, Ag. Reg. no REsp 1.121.435-SP, Min. Sidnei Beneti, j. 13.03.2012; 4ª Turma, REsp 982.492-SP, Min. Luis Felipe Salomão, j. 27.09.2011; 4ª Turma, REsp 705.148-PR, Min. Luis Felipe Salomão, j. 05.10.2010.

65 STJ, 4ª Turma, REsp 1.505.256-SP, Min. João Otávio de Noronha, j. 05.05.2016.

Era uma ação de regresso (direito novo) do segurado contra sua seguradora para se reembolsar do quanto havia pago à vítima, mediante acordo parcelado, em seguro de responsabilidade civil.[66] Simples ação de cobrança do seguro movida pelo segurado cuja pretensão nasceu no momento em que ele pagou a última parcela do acordo celebrado com o terceiro lesado, sob anuência da seguradora, regra que tem assento hoje no Código Civil (CC, art. 206, § 1º, II, "a", 2ª parte).

Meses depois, foi a vez da 3ª Turma enfrentar a temática do termo inicial. Em 10 de novembro de 2016, o julgamento do Recurso Especial 1.297.362-SP,[67] por maioria de votos, vencido o Min. Marco Aurélio Bellizze, lançou o entendimento de que "o termo inicial do prazo prescricional para seguradora sub-rogada propor ação de regresso é a data do pagamento integral da indenização ao segurado".

O voto condutor começou registrando que a discussão gira em torno do *termo inicial* do prazo prescricional para a seguradora, em ação regressiva, pleitear o ressarcimento do valor pago ao segurado por danos causados à mercadoria em transporte marítimo. Discorreu sobre a sub-rogação prevista no art. 786 do Código Civil,

---

66 STJ, 3ª Turma, REsp 949.434-MT, Min.ª Nancy Andrighi, j. 18.10.2010.

67 STJ, 3ª Turma, REsp 1.297.362-SP, Min. Ricardo Villas Bôas Cueva, j. 10.11.2016.

afirmando que o intérprete não deve se apegar à letra da lei, mas deve perseguir seu espírito e finalidade a partir de outras normas, inserindo-a no sistema como um todo.

A 3ª Turma entendeu que a sub-rogação não deve ser tão extensa a ponto de transferir à seguradora até mesmo o termo inicial do prazo de prescrição:

> A sub-rogação não deve ser interpretada na extensão dimensionada pela recorrente, de modo a fazer com que, por força da transferência legal dos direitos e das ações do credor ao sub-rogado, imponha-se a observância, inclusive, do termo inicial do prazo prescricional previsto para a relação jurídica originária.

O problema de remissões equivocadas voltou a acontecer nesse julgamento. Os dois arestos invocados não envolvem sub-rogação nos contratos de seguro. Um deles sequer trata de seguro.[68] O problema ali era direito de regresso entre codevedores solidários[69]

---

68 STJ, 3ª Turma, AgRg no AREsp 599.199-SP, Min. Marco Aurélio Bellizze, j. 15.12.2015.

69 Situação que constitui o *direito de regresso*: ANTUNES VARELA, João de Matos. *Das obrigações em geral*. 7ª ed. Coimbra: Almedina, 2006, vol. 2, pp. 345/346; REGO, Margarida Lima. *Contrato de seguro e terceiros*: estudos de Direito Civil. Coimbra: Coimbra, 2010, nota 225, p. 115; ROCHA, Francisco Rodrigues. "Sub-rogação do

à luz do art. 283 do Código Civil,[70] em disputa de proprietários rurais sobre direito de vizinhança. O outro julgado referido pelo acórdão, da Min.ª Fátima Nancy Andrighi, como já comentado, também não envolve sub-rogação, porque a situação era inversa. Cuidava-se de ação de cobrança para reembolso do segurado junto à sua seguradora de responsabilidade civil, por conta do pagamento feito por ele ao terceiro prejudicado, típica ação de regresso.[71]

Ao final, a 3ª Turma concluiu que o prazo prescricional da seguradora começa a contar somente a partir do pagamento, porque até então ela não tinha o direito de propor ação "regressiva" contra o autor do dano

---

segurador nos seguros de danos nos direitos português e brasileiro: eficácia, âmbito de aplicação, exceções oponíveis e ónus de a não prejudicar". *Revista Jurídica de Seguros*. Rio de Janeiro: Confederação Nacional das Seguradoras, nº 8, p. 162, maio 2018.

70 CC, art. 283. "O devedor que satisfez a dívida por inteiro tem direito a exigir de cada um dos codevedores a sua quota, dividindo-se igualmente por todos a do insolvente, se o houver, presumindo-se iguais, no débito, as partes de todos os codevedores".

71 STJ, 3ª Turma, REsp 949.434-MT, Min.ª Nancy Andrighi, j. 18.10.2010.

VII. críticas à forma e ao conteúdo da mudança jurisprudencial

Como se observa, a Corte Superior mudou sua jurisprudência sobre o momento que deflagra o prazo prescricional contra a companhia de seguros. Algumas ponderações críticas precisam ser feitas sobre esse acontecimento.

7.1 SUB-ROGAÇÃO NÃO SE CONFUNDE COM DIREITO DE REGRESSO

Primeiro, não há reparo na afirmação de que a sub-rogação somente se opera com o *pagamento*, quando a companhia cumpre sua prestação indenizatória, e que só a partir daí ela pode exigir do responsável o reembolso do quanto despendeu junto ao segurado. Correta a colocação.

Todavia, o pagamento *transfere* à seguradora uma situação que já vem constituída lá de trás, sendo apenas condição para ela ingressar na relação de origem.[72] A seguradora herda a relação jurídica originária no estado em que se encontra, com seus ônus e bônus. Nesse pacote está a prescrição cujo prazo já iniciou sua contagem para o credor primitivo.[73] Vale dizer, a pretensão da seguradora que surge do pagamento está submetida a um *prazo prescricional em curso*, pois ela o recebe tal como vinha fluindo contra o segurado.[74]

---

72 Com esse contraponto, afirma Yussef Said Cahali: "o pagamento da indenização ao segurado é simples condição de legitimação da seguradora para o reembolso" (CAHALI, Yussef Said. *Prescrição e decadência*. São Paulo: Revista dos Tribunais, 2008, pp. 154/155).

73 Admite-se, por exemplo, que o novo credor possa cobrar os acessórios da dívida desde seu *vencimento original*, ou seja, da relação jurídica pretérita, sujeito ao mesmo regime de prescrição do antigo credor. Nesse sentido, discorre Caio Mário da Silva Pereira: "não tem direito a outros *juros*, senão os que vencia a dívida solvida, e está sujeito à mesma prescrição do crédito primitivo" (PEREIRA, Caio Mário da Silva *Instituições de Direito Civil:* teoria geral das obrigações. 20ª ed. vol. 2, Rio de Janeiro: Forense, 2004, p. 228).

74 Na Argentina: AGUIRRE, Felipe F. "Notas sobre la subrogación del asegurador (art. 80, Ley 17.418)".

A sub-rogação não extingue o crédito para constituir um novo, como se fosse uma novação.[75] Como apontamos de início, existe uma grave confusão na raiz desse problema, que é misturar sub-rogação com direito de regresso. Neste, o pagamento *constitui* o direito *novo* para quem precisa se ressarcir junto ao corresponsável por aquilo que cumpriu além do que devia no âmbito de suas relações internas. Naquela, o pagamento *transfere* o direito *velho* com suas garantias e acessórios.[76]

Cuestiones teórico-prácticas de derecho de seguros. Buenos Aires: Lexis Nexis, 2006, pp. 30/31. Com opinião contrária: STIGLITZ, Rubén S. *Derecho de seguros*. 5ª ed. tomo III, Buenos Aires: La Ley, 2008, p. 317. Em Portugal: GOMES, Júlio Manuel Vieira. "Da sub-rogação legal do segurador à luz da nova Lei do Contrato de Seguro (Decreto-Lei nº 72/2008, de 16 de abril)". *In*: OTERO, Paulo; ARAÚJO, Fernando; GAMA, João Taborda da (Coord.). *Estudos em memória do prof. doutor J. L. Saldanha Sanches*. Direito Privado, Processual e Criminal. vol. 2, Coimbra: Coimbra, 2011, p. 459.

75 No passado: ESPÍNOLA, Eduardo. *Garantia e extinção das obrigações:* obrigações solidárias e indivisíveis. Campinas: Bookseller, 2005, p. 43. Atualmente: TARTUCE, Flávio. *Manual de Direito Civil*. 6ª ed. vol. único, São Paulo: Método, 2016, p. 423; FARIAS, Cristiano Chaves de; ROSENVALD, Nelson. *Curso de Direito Civil* – direito das obrigações. 7ª ed. vol. 2, Salvador: JusPodivm, 2013, p. 524. Na literatura especializada: VASQUES, José. *Contrato de seguro:* notas para uma teoria geral. Coimbra: Coimbra, 1999, p. 160.

76 Na doutrina portuguesa especializada: MENEZES CORDEIRO, António. *Direito dos seguros*. Coimbra:

7.2 TRANSMISSÃO EQUIVALENTE À CESSÃO DE CRÉDITO

A figura que mais se aproxima desse fenômeno é a *cessão de crédito*.[77] O sistema dispõe que, na *primeira*

Almedina, 2013, p. 703; VASQUES, José. *Contrato de seguro*: notas para uma teoria geral. Coimbra: Coimbra, 1999, p. 159; REGO, Margarida Lima. *Contrato de seguro e terceiros*: estudos de Direito Civil. Coimbra: Coimbra, 2010, nota 225, p. 115; ROCHA, Francisco B. F. Rodrigues. "Sub-rogação do segurador e prescrição – comentário ao Acórdão do Tribunal da Relação de Évora de 10 de março de 2016, proc. nº 436/12.4TBMRA.E1". *Revista de Direito e de Estudos Sociais*. ano 57, nº 1-4, p. 390, jan.-dez. 2016. Entre os civilistas: ANTUNES VARELA, João de Matos. *Das obrigações em geral*. 7ª ed. vol. 2, Coimbra: Almedina, 2006, p. 346; ALMEIDA COSTA, Mário Júlio de. *Direito das obrigações*. 12ª ed. Coimbra: Almedina, 2016, p. 826; GALVÃO TELLES, Inocêncio. *Direito das obrigações*. 7ª ed. Coimbra: Coimbra, 1997, p. 232.

77 No Brasil, costuma-se reconhecer essa proximidade, mas sem ignorar suas diferenças: GOMES, Orlando. *Obrigações*. 17ª ed. Rio de Janeiro: Forense, 2009, p. 143; BARROS MONTEIRO, Washington de. *Curso de Direito Civil* – direito das obrigações. 1ª parte, vol. 4. São Paulo: Saraiva, 2003, p. 280; MARTINS-COSTA, Judith. *Comentários ao novo Código Civil*. Do direito das obrigações. *In*: TEIXEIRA, Sálvio de Figueiredo (Coord.). vol. 5, tomo I, Rio de Janeiro: Forense, 2003, p. 435; MIRAGEM, Bruno. *Direito Civil* - direito das obrigações. 2ª ed. São Paulo: Saraiva, 2018, p. 400; e BDINE JR., Hamid Charaf. *In*: PELUSO, Ministro Cezar (Coord.). *Código Civil comentado:*

hipótese convencional (CC/02, art. 347, inc. I), vigorará o disposto quanto à *cessão do crédito* (CC/02, art. 348). Mas que significado tem esse comando aparentemente restrito à sub-rogação *convencional*?

A nosso ver, significa que a modalidade convencional pressupõe um ato negocial com necessária anuência do *credor*,[78] uma vez que a cessão é necessariamente obra sua (CC/02, art. 286).[79] Sem essa manifestação de vontade do credor, pode haver simples extinção do crédito, mas não sua transferência.[80] A convenção celebrada entre o *credor* e o *terceiro* deve deixar claro que estão sendo *transferidos* ao terceiro todos os direitos e obrigações que competiam ao credor perante o devedor. Além disso, o regime da *cessão de crédito* exige a *ciência* do devedor como condição de eficácia da convenção perante ele (CC/02, art. 290).[81]

---

doutrina e jurisprudência. 11ª ed. São Paulo: Manole, 2017, p. 309.

78 FARIAS, Cristiano Chaves de; ROSENVALD, Nelson. *Curso de Direito Civil* – direito das obrigações. 7ª ed. vol. 2, Salvador: JusPodivm, 2013, p. 521.

79 BARROS MONTEIRO, Washington de. *Curso de Direito Civil* – direito das obrigações. 1ª parte, vol. 4, São Paulo: Saraiva, 2003, p. 280.

80 ALMEIDA COSTA, Mário Júlio de. *Direito das obrigações*. 12ª ed. Coimbra: Almedina, 2016, p. 822.

81 A razão de ser dessa comunicação ao devedor – ensina Arruda Alvim – "é a de que este não pague ou cumpra

Essa situação, entretanto, é absolutamente irrelevante na sub-rogação legal e até mesmo na convencional em que o terceiro *empresta* ao devedor o dinheiro necessário à quitação da dívida (CC/02, art. 347, inc. II).[82] A sub-rogação legal do segurador, em particular, depende menos ainda de anuência do segurado (credor) e tampouco está condicionada à ciência do devedor para produzir efeitos.

Assim, o fato de haver remissão ao regime da cessão de crédito, quando se reporta à sub-rogação convencional a cargo do credor (art. 347, inc. I), não significa que a sub-rogação legal não comporta também o mecanismo de transferência de todos os direitos, ações, privilégios e garantias do credor primitivo, à semelhança de uma cessão de crédito.[83] O apontamento

---

a sua obrigação em relação a quem não é mais titular do crédito. Se não soubesse o devedor da cessão e pagasse ao credor-cedente, se desoneraria do débito" (ARRUDA ALVIM, José Manoel de. "Sub-rogação convencional de direitos". *In*: ARRUDA ALVIM, José Manoel de. *Soluções práticas de Direito*. vol. 2, pp. 55-68, ago. 2011).

82 GOMES, Orlando. *Obrigações de Direito*. 17ª ed. Rio de Janeiro: Forense, 2009, p. 144.

83 Em sentido diverso, Fredie Didier Jr. e Daniela Santos Bomfim sustentam que a remissão ao regime da cessão de crédito é *restrita* à sub-rogação *convencional* e, mesmo assim, há distinções essenciais entre ambas quanto à sua natureza, estrutura e função (DIDIER JR., Fredie; BOMFIM, Daniela Santos. "A sub-rogação prevista no art. 786 do

feito à cessão de crédito é apenas um alerta do legislador para as peculiaridades da sub-rogação convencional sob anuência do credor.

Em Portugal, associa-se um instituto ao outro na medida em que o devedor pode opor ao adquirente do crédito os meios de defesa que lhe seria lícito invocar contra o credor anterior, regra aplicável também à sub-rogação, como ensina Galvão Telles, "visto tratar-se de algo inerente ao próprio conceito de transmissão de um direito".[84] Entre nós, Pontes de Miranda assinala que existe uma combinação entre as regras da cessão e do pagamento: "adimplemento com sub-rogação é, portanto, o adimplemento por outra pessoa, em vez do devedor, sem ser em nome e por conta desse, com a sucessão do terceiro adimplente no crédito".[85]

No fio desse raciocínio, o segurado é *sucedido* por seu segurador a quem se transfere o prazo prescricional

---

Código Civil e a convenção de arbitragem celebrada pelo segurado". *Revista de Direito Civil Contemporâneo*, vol. 24, ano 7, p. 95. São Paulo: Revista dos Tribunais, jul.-set. de 2020).

84 GALVÃO TELLES, Inocêncio. *Direito das obrigações*. 7ª ed. Coimbra: Coimbra, 1997, p. 291; ALMEIDA COSTA, Mário Júlio de. *Direito das obrigações*. 12ª ed. Coimbra: Almedina, 2016, p. 822.

85 PONTES DE MIRANDA, F. C. *Tratado de Direito Privado*. 3ª ed. vol. 24, São Paulo: Revista dos Tribunais, 1984, pp. 283-285.

já fluindo desde o fato gerador anterior, conforme observado por Pedro Alvim: “se seus direitos e ações são transferidos ao segurador, por efeito da sub-rogação, deverá ele submeter-se às condições da ação que recebeu do segurado, inclusive quanto ao prazo que começa a correr da data da ocorrência”.[86]

Em matéria de sucessão, o sistema prevê que “a prescrição iniciada contra uma pessoa continua a correr contra o seu sucessor” (CC, art. 196).

7.3 REMISSÕES EQUIVOCADAS DA FUNDAMENTAÇÃO

A invocação do precedente pressupõe comparação dos casos para levantamento de suas circunstâncias fáticas essenciais e identificação das semelhanças ou distinções relevantes.[87] Esse dever de casa, no entanto, não foi realizado nas decisões relatadas acima.

No Agravo Regimental no Agravo em Recurso Especial 598.619-SP (4ª Turma), dos cinco julgados referidos, apenas um havia enfrentado a questão do

---

86 ALVIM, Pedro. *O contrato de seguro*. 3ª ed. Rio de Janeiro: Forense, 2001, p. 511.

87 MITIDIERO, Daniel. *Precedentes*: da persuasão à vinculação. São Paulo: Revista dos Tribunais, 2016, p. 116.

termo inicial. Dois ali carregavam inclusive solução oposta à anunciada pelo novo precedente. No Recurso Especial 1.297.362-SP (3ª Turma), como se viu também, nenhum dos dois paradigmas apontados envolve sub-rogação nos contratos de seguro. O mesmo fenômeno, com remissões equivocadas a casos que não tratam de sub-rogação do segurador, tem acontecido nas instâncias estaduais.[88] Já aconteceu também de haver invocação errada na situação inversa, ou seja, em acórdão que aplicou o critério de contagem do prazo da seguradora desde quando começou a fluir para o segurado, mas remetendo o leitor para aresto do STJ que, no fundo, considerou o *dies a quo* a partir do pagamento.[89]

As remissões feitas nos acórdãos aqui analisados representam prática corrente dos tribunais brasileiros, especialmente os superiores, em fazer referência numérica a outros julgados,[90] quando não à exposição

---

88 TJMG, 14ª Câmara Cível, Ap. 1.0481.16.035796-0/001, Des.ª Cláudia Maia, j. 23.04.2020.

89 TJSP, 24ª Câmara de Direito Privado, Ap. 1000429-81.2016.8.26.0068, Des. Walter Barone, j. 29.11.2018.

90 Algo semelhante ao retratado por Michele Taruffo, a propósito da Corte de Cassação italiana: "se, todavia, se observa o que ocorre no âmbito da nossa pletórica jurisprudência, descobre-se facilmente que em cada setor os precedentes que merecem verdadeiramente este nome, ou seja, os assim chamados *grands arrêts* da Corte de Cassação, não são

mecânica do ementário respectivo, cuja manchete muitas vezes não reflete o inteiro teor das decisões.[91]

---

certamente numerosos. Eles são, antes, as exceções, onde a regra é bem mais o emprego casual, confuso, desordenado e tudo somado irracional, de grupos de sentenças escolhidas sem nenhum critério, mais ou menos numerosas segundo a paciência do copista ou, atualmente, da rapidez do computador. Em uma situação deste gênero, pode-se atribuir certa eficácia persuasiva à jurisprudência, quando ela não é autocontraditória e quando se possam individualizar "resumo de precedentes" suficientemente uniformes. Chega-se, em substância, a uma aproximação mais quantitativa do que qualitativa, uma vez que se tende a pensar que quanto mais são as decisões a favor de certa solução, mais esta solução deveria se impor ao juiz sucessivo, sem considerar que frequentemente se trata de dúzias de reproduções mecânicas do mesmo enunciado e sem refletir que a força persuasiva de cada decisão singular é inversamente proporcional ao número das decisões conformes" (TARUFFO, Michele. "Precedente e jurisprudência". *Revista de Processo*, nº 199, p. 139, São Paulo: Revista dos Tribunais, set. 2011).

91 Não por acaso, a crítica de Barbosa Moreira: "em nosso país, quem examinar os acórdãos proferidos, inclusive pelos tribunais superiores, verificará que, na grande maioria, a fundamentação dá singular realce à existência de decisões anteriores que hajam resolvido as questões de direito atinentes à espécie *sub judice*. Não raro, a motivação *reduz-se* à enumeração de precedentes: o tribunal dispensa-se de analisar as regras legais e os princípios jurídicos pertinentes – operação a que estaria obrigado, a bem da verdade, nos termos do art. 458, nº II, do Código de Processo Civil, aplicável aos acórdãos nos termos do art. 158 – e substitui o seu próprio raciocínio pela mera invocação de julgados anteriores" (BARBOSA MOREIRA, J. C. "Súmula,

O resultado disso é a reprodução em série de entendimentos que se formam pelo volume, à maneira de um dominó, como aconteceu aqui, a ponto de haver constituído jurisprudência pacífica nas duas turmas de Direito Privado do STJ.[92] Recentemente, por exemplo, a 3ª Turma voltou a dar destaque à temática do *dies a quo*, afirmando que a seguradora pode buscar seu ressarcimento dentro do prazo prescricional aplicável à relação originária, mas o prazo só começa a correr para ela a partir do *pagamento*, remetendo o leitor para o julgamento do Recurso Especial 1.297.362-SP.[93]

---

jurisprudência, precedente: uma escalada e seus riscos". *In*: BARBOSA MOREIRA, J. C. *Temas de Direito Processual*. série 9. São Paulo: Saraiva, 2007, p. 300).

92 STJ, 3ª Turma, REsp 1.705.957-SP, Min.ª Nancy Andrighi, j. 17.09.2019; 3ª Turma, AgInt no AREsp 1.715.318-DF, Min. Marco Aurélio Bellizze, j. 01.03.2021; 4ª Turma, AgInt no REsp 1.714.969-PA, Min.ª Isabel Gallotti, j. 02.08.2018; 4ª Turma, AgInt nos EDcl no REsp 1.396.273-ES, Min. Luis Felipe Salomão, j. 22.03.2021; 4ª Turma, AgInt em ED no AREsp 1.207.435-SP, Min.ª Isabel Gallotti, j. 15.06.2020.

93 STJ: "isso não implica, contudo, que esteja a seguradora sujeita ao prazo prescricional já deflagrado em face do segurado. Com efeito, em observância ao princípio da *actio nata*, o prazo prescricional para o exercício da pretensão de regresso somente pode ser iniciado quando surja para a seguradora pretensão exercitável, o que apenas ocorre na data em que efetuado o pagamento da indenização ao segurado" (3ª Turma, REsp 1.842.120-RJ, Min.ª Nancy Andrighi, j. 20.10.2020).

7.4 MUDANÇA AO LARGO DO PROCEDIMENTO DE SUPERAÇÃO DO PRECEDENTE

Há uma circunstância adicional a agravar tudo isso. Essa guinada foi empreendida sob a vigência do CPC/2015, especialmente o julgamento do Recurso Especial 1.297.362-SP, sem qualquer consideração à forma estabelecida pelo novo sistema processual para autorizar a *superação* do precedente ou jurisprudência (CPC, art. 489, § 1º, V e VI, e art. 927).

O Colegiado colocou o tema em pauta sem anunciar que se tratava de questão com jurisprudência pavimentada há muito tempo, e ainda supôs estar seguindo orientação já adotada pelo STJ.

Dessa maneira, sem anunciar a reviravolta, o Tribunal Superior alterou uma jurisprudência de meio século fora do diálogo democrático ao qual o tema merecia ser submetido, em prejuízo de seus deveres de integridade, uniformidade, coerência e estabilidade (CPC, art. 926).[94] Mudou sem avisar que estava mudando e sem fazer a devida *correlação* entre os fundamentos

94 CABRAL, Antonio do Passo. "A técnica do julgamento--alerta na mudança de jurisprudência consolidada". *Revista de Processo*, nº 221, pp. 13-48, jul. 2013.

determinantes dos casos passados e sua identidade com a base fática do caso presente (CPC, art. 489, § 1º, V).[95]

Tudo isso mostra que não houve verdadeira superação da jurisprudência dominante, mas, sim, um atropelo acidental dela. Em rigor, a técnica de superação requer *solenidade* no enfrentamento de tema tão caro ao Estado Democrático de Direito, não por acaso submetido às regras de ampla publicidade, contraditório institucional e fundamentação adequada e específica (CPC, art. 927, §§ 2º a 5º).[96]

---

95 Confira-se em Fábio Monnerat o *dever de correlação* a cargo do aplicador do precedente ou da jurisprudência: "nesse passo, torna-se imprescindível a análise do relatório do precedente que se pretende aplicar, uma vez que nele está a descrição dos fatos levados em consideração pelo julgador, só se justificando a aplicação da mesma *ratio decidendi* nos casos posteriores em que tais fatos estejam também presentes (...). Mesmo a utilização da jurisprudência, não formalmente enunciada e sem eficácia vinculante, envolve essa inevitável necessidade de correlação entre situações pretéritas (nos casos que levaram à formação da jurisprudência) e presente, isto é, no caso concreto em que se pretende aplicá-la" (MONNERAT, Fábio Victor da Fonte. *Súmulas e precedentes qualificados*. Técnicas de Formação e Aplicação. São Paulo: Saraiva, 2019, pp. 119/120).

96 Preciso o depoimento de Teresa Arruda Alvim: "no Brasil, não se podem, a nosso ver, chamar de *overruling* as mudanças de rumo da jurisprudência em geral e a dos Tribunais Superiores. O *overruling* é, no *common law*, algo que se reveste de uma certa solenidade. Aqui, infelizmente, as orientações adotadas pelos tribunais se alteram muito

7.5 A IMPORTÂNCIA DO VOTO DISSIDENTE

Conforme comentado anteriormente, o julgamento do Recurso Especial 1.297.362-SP não foi unânime, merecendo destaque o voto vencido do Min. Marco Aurélio Bellizze, que abordou o problema com absoluta precisão. Fez o *distinguishing*, mostrando que os julgados referidos pelo relator não eram adequados à espécie,[97] e lembrou que a sub-rogação transfere a

---

rapidamente sem que, na nossa opinião, haja justificativas suficientes para *mudar o direito*. Usualmente, não constam do acórdão que adota a nova posição as razões pelas quais a anterior teria sido afastada/rejeitada/superada" (ALVIM, Teresa Arruda. *Modulação na alteração da jurisprudência firme ou de precedentes vinculantes*. 2ª ed. São Paulo: Revista dos Tribunais, 2021, p. 180).

97 Com a autoridade de quem havia sido o relator do acórdão proferido no AREsp 599.199-SP, o Min. Bellizze chama atenção para esse importante detalhe: "desse modo, a toda evidência, não se tratava naquele julgamento de contagem de prazo prescricional decorrente de sub-rogação, mas de mero exercício de regresso do codevedor solidário, razão pela qual não compartilho do mesmo raciocínio na hipótese dos autos. Com efeito, não se pode olvidar que o legislador, diferentemente da opção relativa aos contratos de seguro, acabou por afastar a existência de sub-rogação nos casos de solidariedade. Isso porque a ação de regresso prevista para o devedor solidário que quita a obrigação integralmente, somente poderá ter por objeto a pretensão de ressarcimento contra os demais codevedores pelas respectivas quotas-parte, dissolvendo-se entre eles o vínculo de

dívida originária àquele que solveu o débito, com sucessão do credor, "mantendo-se íntegros os exatos contornos iniciais da relação obrigacional".[98]

Considerou que as pretensões de sub-rogação e direito de regresso são "ontologicamente distintas", ocorrendo na sub-rogação a transmissão dos direitos e ações originalmente constituídos. Entendeu ser relevante

---

solidariedade originário e revelando tratar-se de uma nova pretensão, absolutamente autônoma em relação à dívida solidária, ainda que dela sucessiva" (REsp 1.297.362-SP).

98 Concluiu o voto vencido ser a sub-rogação próxima da cessão de crédito, e não da novação: "o instituto da sub-rogação encontra previsão legal em nosso atual Código Civil sempre atrelado ao adimplemento de obrigação pelo pagamento. Assim, ao efetuar a quitação, total ou parcial, do débito de terceiro, ato que *a priori* extinguiria o vínculo obrigacional originário, o legislador optou por afastar a extinção ordinária da obrigação, impondo ao devedor originário a sucessão de sua obrigação. Assim, aquele que quita a dívida é lançado, *ex lege* ou por contrato, à posição de credor da dívida originária. Trata-se, pois, de evidente forma de transmissão de obrigação, na qual se dá a sucessão do credor, mantendo-se íntegros os exatos contornos iniciais da relação obrigacional. Noutros termos, transmite-se os direitos e as correspondentes ações, tal qual originalmente constituídas (...). Ressalte-se que não há novação da relação creditícia, aproximando-se, nesse ponto, a sub-rogação da cessão de crédito - tanto que se lhe aplicam, subsidiariamente, as disposições legais referentes à cessão. De fato, a relação originária mantém todos os seus contornos, inclusive quanto à prescrição" (REsp 1.297.362-SP).

o tempo do pagamento para concretizar a sub-rogação, mas que o pagamento não é o marco inicial da prescrição, uma vez que isso deturparia os limites do crédito transmitido e, por consequência, o instituto da sub-rogação.

A prescrição, segundo o voto vencido, não pode se sujeitar à vontade das partes, motivo pelo qual não é possível utilizar a data do pagamento como marco inicial de contagem, sob pena de atribuir à seguradora o controle do prazo. O conhecimento do dano é fato relevante tanto para o segurado como para a seguradora por se tratar de inafastável marco temporal da prescrição, a qual se vincula objetivamente à *pretensão*, e não às partes.

O voto do Min. Marco Aurélio Bellizze em separado tem a importância daquilo que a doutrina chama de *dissenting opinion*, como crítica positiva ao precedente, servindo de parâmetro para aferir o grau de sua aprovação ou desgaste no âmbito da Corte, ou como elemento capaz de indicar a necessidade de sua superação.[99] É exemplo de verdadeira dissidência que se opõe à *ratio decidendi* do precedente, com densidade argumentativa capaz de despertar na comunidade jurídica o interesse em sua discussão.[100]

---

99 MITIDIERO, Daniel. *Precedentes*: da persuasão à vinculação. São Paulo: Revista dos Tribunais, 2016, p. 125.

100 Confira-se em Marinoni a diferença entre voto dissidente e voto divergente: "o voto dissidente, por sua vez, não pode

ser visto como mero voto divergente ou contrário, isto é, como voto que simplesmente diverge da *ratio decidendi* ou mesmo dos fundamentos contidos na decisão plural. Nesse sentido, voto divergente é aquele que fala em contrário sem qualquer preocupação em evidenciar que a *ratio decidendi* ou os fundamentos majoritário e concorrente estão equivocados ou não podem prevalecer. Esse voto contrário, que é o voto típico da nossa prática judiciária, é mais um recado de um julgador que não está de acordo – o que, tudo bem-visto, não tem muita importância –, do que uma demonstração de que a *ratio* ou os fundamentos contidos na decisão plural estão equivocados. Na verdade, a real dissidência se opõe à *ratio decidendi* – e não aos fundamentos ou às *opinions* – para demonstrar as razões pelas quais ela não pode prevalecer como regra capaz de servir de guia para a resolução dos casos futuros. O voto dissidente assume real configuração, distanciando-se com clareza do mero voto contrário, quando se tem em conta a sua intenção. O voto dissidente objetiva demonstrar o equívoco da *ratio decidendi*, tornando a questão de direito 'suspensa', ou melhor, num ambiente em que a comunidade jurídica se mantém estimulada a discuti-la" (MARINONI, Luiz Guilherme. *Julgamento nas Cortes Supremas*: precedente e decisão do recurso diante do novo CPC. São Paulo: Revista dos Tribunais, 2015, p. 41).

VIII. consequência extravagante: esgarçamento da dívida no tempo

Retomemos a premissa básica da sub-rogação: em se tratando de *substituição*, o terceiro interessado que assume o lugar do credor não pode obter mais direitos e vantagens do que este tinha para lhe transmitir.[101] Isso significa que, tendo sido a seguradora contemplada pelo sistema como terceiro interessado

101 Nesse sentido, voto-vista da Min.ª Fátima Nancy Andrighi no polêmico julgamento da Corte Especial sobre a possibilidade de transmissão da cláusula compromissória à seguradora sub-rogada: "assim, ao pagar a indenização, a seguradora sub-rogada resta automaticamente vinculada ao contrato sub-rogado, com todas as suas limitações, defeitos,

para fazer jus à sub-rogação, não pode ela receber mais direitos e vantagens do que tinha o seu segurado.[102]

Na outra ponta, se é certo que o devedor não se libera da dívida apenas pela circunstância de ter encontrado um credor munido de garantia securitária disposta a solver o débito, é certo também que ele não pode ter sua situação *agravada* em razão da sub-rogação.[103]

---

qualidades, termos e condições" (SEC 14.930-EX, Min. Og Fernandes, j. 15.05.2019).

102 Merece referência substancioso precedente da 12ª Câmara de Direito Privado do TJSP, na discussão da cláusula compromissória constante do contrato de transporte marítimo internacional de cargas, em caso de sub-rogação da seguradora, com destaque para os votos do relator, Des. Tasso Duarte de Melo, e do 3º juiz, Des. Castro Figliolia. Deste último, a seguinte passagem: "é da essência da sub-rogação que o sub-rogado receba o direito como ele se apresenta. Com todas as garantias, mas também com todas as limitações. Na sub-rogação, não há uma ampliação do direito, ou seja, não há exclusão das limitações existentes no direito originário, apenas porque o sub-rogado é terceiro e não aquiesceu. Em verdade, o sub-rogado não tem que aquiescer. Ele se limita a receber o direito existente (...). Justamente porque a sub-rogação se dá quanto ao direito, o sub-rogado não pode ter mais direito do que aquele que o transmitiu. Se o direito transmitido tinha limitação, o sub-rogado o recebe com ela" (Ap. 1011916-50.2018.8.26.0562, j. 30.09.2020).

103 BDINE JR., Hamid Charaf. *In*: PELUSO, Ministro Cezar (Coord.). *Código Civil comentado:* doutrina e jurisprudência.

Na literatura de fora, é comum o entendimento de que a sub-rogação não pode produzir agravamento da posição substancial do devedor, motivo pelo qual lhe assiste o direito de esgrimir contra a seguradora as mesmas exceções e defesas que teria contra o segurado.[104]

Nessa perspectiva, não há dúvida de que o entendimento prevalecente hoje nos tribunais brasileiros sobre o *dies a quo* do prazo submete o causador do dano (suposto devedor) a uma situação que pode ser *agravada ao extremo*.[105] Se o pagamento realizado pela seguradora lhe confere o nascimento de uma nova pretensão, a disparar o reinício do prazo prescricional a seu favor, o devedor passa então a ter uma *dívida esgarçada no tempo*

11ª ed. São Paulo: Manole, 2017, p. 316.

104 GOMES, Júlio Manuel Vieira. "Da sub-rogação legal do segurador à luz da nova Lei do Contrato de Seguro (Decreto-Lei nº 72/2008, de 16 de abril)". *In*: OTERO, Paulo; ARAÚJO, Fernando; GAMA, João Taborda da (Coord.). *Estudos em memória do prof. doutor J. L. Saldanha Sanches*. Direito Privado, Processual e Criminal. vol. 2, Coimbra: Coimbra, 2011, p. 456.

105 Com semelhante visão crítica em relação à parcela da jurisprudência portuguesa: GOMES, Júlio Manuel Vieira. "Da sub-rogação legal do segurador à luz da nova Lei do Contrato de Seguro (Decreto-Lei nº 72/2008, de 16 de abril)". *In*: OTERO, Paulo; ARAÚJO, Fernando; GAMA, João Taborda da (Coord.). *Estudos em memória do prof. doutor J. L. Saldanha Sanches*. Direito Privado, Processual e Criminal. vol. 2, Coimbra: Coimbra, 2011, pp. 457/458.

para além do que prevê o regime jurídico da prescrição extintiva de sua relação jurídica originária.[106]

Na prática, a depender do momento em que o segurador venha a efetuar esse pagamento, o devedor poderá sofrer um estado de sujeição dobrado, triplicado ou até mesmo quadruplicado. O prazo de 3 anos, referente às pretensões de reparação civil (CC/02, art. 206, § 3º, V), pode passar para 6 anos. O prazo geral de 10 anos pode passar para 20 anos (CC/02, art. 205). Sob o Código anterior, o prazo geral de 20 anos entre ausentes poderia pular para 40 anos (CC/16, art. 177).

Se o segurado interpuser protesto judicial interruptivo a seu favor (CC/02, art. 202, II), o estado de sujeição do devedor ficará ainda mais alongado, comportando recontagem do zero para o segurado, a partir da interrupção, seguido de novo período para a seguradora a partir do pagamento; triplicou-se.

Mas o problema não acabou. Se a seguradora tem "pretensão" própria renascida do pagamento, como se entende hoje em dia, então é possível concluir que, depois

---

106 Considerando essa situação uma "violência": ROCHA, Francisco Rodrigues. "Sub-rogação do segurador nos seguros de danos nos direitos português e brasileiro: eficácia, âmbito de aplicação, exceções oponíveis e ónus de a não prejudicar". *Revista Jurídica de Seguros*. Rio de Janeiro: Confederação Nacional das Seguradoras, nº 8, maio, 2018, p. 161.

de tudo isso, ela ainda pode interpor seu protesto judicial para gozar de mais uma dobra do prazo? Quadruplicou-se.

Repare: produziu-se uma cadeia de "interrupções" no prazo prescricional, situação expressamente vedada pelo sistema que só autoriza uma única interferência em seu fluxo (CC, art. 202).

Para além de tudo isso, não se pode esquecer que, se houver *negativa* de cobertura pela seguradora, o processo que o segurado vier a mover contra ela, para cobrança da indenização securitária, pode se estender por anos, até o momento em que houver sentença condenatória definitiva, ou executável, a ser cumprida contra a companhia. A partir de então, paga a indenização ao segurado, terá ela prazo integralmente novo para acionar o causador do sinistro.

Tal estado de coisas, já esquisito por natureza para quem é figura estranha ao contrato de seguro (*res inter alios acta*),[107] gera uma situação tão extravagante para o suposto devedor que é preciso restabelecer, mediante interpretação constitucional, o regime jurídico adequado à cobrança de dívidas em sintonia com a dignidade da pessoa humana e sua segurança jurídica (CF, art. 1º, III, art. 5º, *caput*).[108]

---

107 ALVIM, Pedro. *O Contrato de seguro*. 3ª ed. Rio de Janeiro: Forense, 2001, p. 512.

108 Para o Prof. José Fernando Simão: "a segurança jurídica, por conseguinte, deixa de ser aquela exclusivamente formal, pautada pela certeza da irretroatividade, para ser

Eis aqui uma porta aberta ao fenômeno da *irradiação ou eficácia horizontal dos direitos fundamentais nas relações privadas*[109] a influenciar a interpretação do sistema de Direito Civil.[110]

---

igualmente a previsibilidade da concretização de direitos e liberdade fundamentais. A aferição da segurança passa a ser feita não apenas pelos critérios formais (Estado de Direito) mas também por critérios materiais (Estado Democrático de Direito, v.g., dignidade da pessoa humana, sociedade justa etc.)" (SIMÃO, José Fernando. *Prescrição e decadência*: início dos prazos. São Paulo: Atlas, 2013, p. 155).

109 Para compreender o fenômeno da *irradiação* adotado pelo Tribunal Constitucional Federal alemão como "ordem objetiva de valores" aplicável às relações cidadão-cidadão: ALEXY, Robert. *Teoria dos direitos fundamentais*. 2ª ed. São Paulo: Malheiros, 2017, p. 529. É dele a seguinte passagem: "a irradiação dos direitos fundamentais como direito positivo em todos os âmbitos do sistema jurídico inclui, portanto, uma irradiação – requerida pelo direito positivo – da ideia de justiça a todos os ramos do Direito" (p. 544). Cf. HESSE, Konrad. "Significado dos direitos fundamentais". *In*: HESSE, Konrad. *Temas fundamentais do Direito Constitucional*. São Paulo: Saraiva, 2ª tiragem, 2013, pp. 60/61; SILVA, Virgílio Afonso da. *A constitucionalização do Direito* – os direitos fundamentais nas relações entre particulares. 1ª ed. São Paulo: Malheiros, 2011, p. 75.

110 No Brasil, vale conferir o debate travado no RE 201.819-RJ, com destaque para os votos dos Ministros Gilmar Mendes, Joaquim Barbosa e Celso de Mello: "I. Eficácia dos Direitos Fundamentais nas Relações Privadas. As violações a direitos fundamentais não ocorrem somente no âmbito das relações entre o cidadão e o Estado, mas igualmente nas relações travadas entre pessoas físicas e jurídicas de direito privado.

IX.

cooperação entre segurado e seguradora para uma boa gestão contratual: riscos da demora

A seguradora, por sua vez, não é um ser estranho que só consegue tomar pé da situação na ocasião

---

Assim, os direitos fundamentais assegurados pela Constituição vinculam diretamente não apenas os poderes públicos, estando direcionados também à proteção dos particulares em face dos poderes privados" (2ª Turma, RE 201.819-RJ, rel. designado Min. Gilmar Mendes, j. 11.10.2005).

do pagamento.[111] Ela é um terceiro interessado que pode e deve acompanhar o segurado desde o início do possível conflito. Quando recebe o aviso de sinistro, a seguradora tem o *dever* de instaurar o procedimento de regulação para investigar a causa do evento, verificar a existência de cobertura, apurar o dano e medir a extensão do prejuízo.[112] Esse trabalho deve ser concluído, via de regra, no prazo de 30 dias, salvo prorrogações

---

111 ROCHA, Francisco B. F. Rodrigues. "Sub-rogação do segurador e prescrição – comentário ao Acórdão do Tribunal da Relação de Évora de 10 de março de 2016, proc. nº 436/12.4TBMRA.E1". *Revista de Direito e de Estudos Sociais*. ano 57, nº 1-4, p. 396, jan.-dez. 2016.

112 TZIRULNIK, Ernesto. *Regulação de sinistro (ensaio jurídico)*. 3º ed. São Paulo: Max Limonad, 2001, p. 93; THEODORO JR., Humberto. "O contrato de seguro e a regulação do sinistro". *Revista dos Tribunais*. São Paulo: Revista dos Tribunais, nº. 832, p. 72, fev. 2005; MELO, Gustavo de Medeiros. "O pedido de reconsideração nos processos de regulação de sinistro". *Revista Brasileira da Advocacia*. São Paulo: Revista dos Tribunais, nº 6, ano 2, jul.-set. 2017; MARTINS-COSTA, Judith. *A boa-fé no Direito Privado* – critérios para sua aplicação. 2ª ed. São Paulo: Saraiva, 2018, p. 378; COELHO, Fábio Ulhoa. "Os avanços do Projeto de Lei 29/2017". *In*: VII FÓRUM DE DIREITO DO SEGURO JOSÉ SOLLERO FILHO. *Lei de contrato de seguro*: solidariedade ou exclusão? Em homenagem a Rubén Stiglitz. São Paulo: Roncarati, 2018, p. 30; MIRAGEM, Bruno; PETERSEN, Luiza. "Regulação do sinistro: pressupostos e efeitos na execução do contrato de seguro". *Revista dos Tribunais*, nº 1025, pp. 291-324, mar. 2021.

justificáveis pela necessidade de avaliar mais os fatos e documentos complementares.[113]

Assim, cabe à companhia de seguros *orientar* seu segurado quanto à boa gestão contratual, alertá-lo sobre a necessidade de sua notificação tempestiva, sobretudo onde há particularidades burocráticas em setores específicos da atividade econômica (p. ex., setor de transporte marítimo),[114] [115] e acompanhar de perto a relação conflituosa dele com o responsável, a fim de que, havendo cobertura para o evento, seja aquele indenizado o mais prontamente possível.

Se o segurado já tiver exercido sua pretensão em juízo (judicial ou arbitral), pode a companhia de seguros efetuar a indenização e, se for o caso, *sucedê-lo*

---

113 Circular Susep nº 621, de 12.02.2021 (art. 43), que dispõe sobre coberturas em seguros de danos, no mesmo sentido da anterior Circular Susep nº 256/2004 (art. 33), recentemente revogada.

114 RODRIGUES, Paula Roberta; LERER, Guilherme. "Notas sobre a sub-rogação no seguro de transporte marítimo internacional de mercadorias". *In*: GOLDBERG, Ilan; JUNQUEIRA, Thiago (Coord.). *Temas atuais de direito dos seguros*. tomo II. São Paulo: Revista dos Tribunais, 2020, pp. 606-608; CREMONEZE, Paulo Henrique. *Prática de Direito Marítimo* – O Contrato de Transporte Marítimo e a Responsabilidade Civil do Transportador. São Paulo: Quartier Latin, 2009, p. 186.

115 TJSP, 19ª Câmara de Direito Privado, Ap. 1024391-69.2018.8.26.0002, Des. Ricardo Pessoa, j. 10.06.2019.

na relação processual já instaurada (CPC, art. 109),[116] inclusive em fase de execução (CPC, art. 778, § 1º, IV).[117] Nesta última hipótese, configura o que se tem chamado de *legitimação derivada superveniente* à formação do título executivo.[118]

Entretanto, se acaso houver demora relevante no aviso de sinistro que implique a chegada tardia da seguradora na apuração dos fatos – a ponto de *prejudicar* seus trabalhos de regulação –, causada pela inércia indesculpável do segurado, estando aquela alheia a tudo isso por falta de aviso, a resposta do

---

116 Solução dada na doutrina portuguesa com base no art. 376º do antigo CPC (Decreto-Lei nº 44.129/61), correspondente hoje ao art. 263º do CPC/2013 (Lei nº 41/2013): MOITINHO DE ALMEIDA, J. C. *O contrato de seguro no Direito Português e Comparado*. Lisboa: Livraria Sá da Costa, 1971, pp. 217/218.

117 CPC, Art. 778. "Pode promover a execução forçada o credor a quem a lei confere título executivo. § 1º Podem promover a execução forçada ou nela prosseguir, em sucessão ao exequente originário: (...) IV - *o sub-rogado, nos casos de sub-rogação legal ou convencional*".

118 Como registra José Miguel Garcia Medina: "tal superveniência pode ocorrer quando já em curso a execução judicial, hipótese em que as pessoas referidas *poderão nela prosseguir*, em sucessão ao exequente originário" (MEDINA, José Miguel Garcia. *Execução*. 6ª ed. São Paulo: Revista dos Tribunais, 2019, p. 346).

sistema pode ser a *perda do direito (caducidade) à indenização* (CC/2002, art. 771).[119] [120]

Nesse caso, três problemas podem estar consorciados: *caducidade, prescrição e prejuízo à sub-rogação* (CC/02, art. 786, § 2º). A omissão do segurado pode prejudicar os trabalhos de regulação do sinistro a cargo

---

119 Lembrando que a aplicação dessa penalidade não é automática, exigindo prova pelo segurador de que a omissão *dolosa* do segurado, de *má-fé*, ou, no mínimo, *culpa grave*, prejudicou efetivamente o processo de investigação: STJ, 4ª T., REsp 173.190-SP, Min. Barros Monteiro, j. 13.12.2005; 3ª T., REsp 1.546.178-SP, Min. Ricardo Villas Bôas Cueva, j. 13.09.2016; TJSP, 3ª Câmara de Direito Privado, Ap. 0012257-84.2008.8.26.0161, Des. Carlos Alberto de Salles, j. 25.02.2014.

120 Na doutrina portuguesa: GOMES, Júlio Manuel Vieira. "Da sub-rogação legal do segurador à luz da nova Lei do Contrato de Seguro (Decreto-Lei nº 72/2008, de 16 de abril)". *In*: OTERO, Paulo; ARAÚJO, Fernando; GAMA, João Taborda da (Coord.). *Estudos em memória do prof. doutor J. L. Saldanha Sanches*. Direito Privado, Processual e Criminal. vol. 2, Coimbra: Coimbra, 2011, pp. 479-481; ROCHA, Francisco B. F. Rodrigues. "Sub-rogação do segurador e prescrição – comentário ao Acórdão do Tribunal da Relação de Évora de 10 de março de 2016, proc. nº 436/12.4TBMRA.E1". *Revista de Direito e de Estudos Sociais*, ano 57, nº 1-4, p. 396, jan.-dez. 2016. Na Espanha: CONDE, Mª Ángeles Calzada. "La subrogación del asegurador y la protección de los intereses de los asegurados". *Revista de Derecho Mercantil*, nº 270, Madrid, oct.-dic., 2008, p. 1427.

da seguradora, extinguir sua pretensão indenizatória e afetar o direito desta à sub-rogação.

X. interesse e legitimidade para propor medida conservativa de direitos

Por outro lado, se o aviso do segurado, apesar de tardio, chegar ainda a tempo de possibilitar a regulação e liquidação do sinistro, a companhia de seguros pode providenciar em caráter emergencial a interrupção do prazo em curso para evitar que seja consumada a prescrição.[121]

---

121 Nesse sentido, Carvalho Santos: "daí a necessidade do sub-rogado velar pela conservação dos direitos que lhe foram transmitidos, para que deles possa usar, já evitando que

A questão que surge está em saber se ela pode tomar providências conservativas ainda *antes* do pagamento, ou seja, *antes* de se operar a própria sub-rogação. Nossa resposta é afirmativa. A seguradora carrega a condição de *terceiro* com o legítimo interesse e legitimidade de quem precisa tomar medidas necessárias à preservação de sua futura posição jurídica.[122] Tonifica ainda mais esse argumento a regra que protege o segurador contra qualquer ato do segurado que diminua ou extinga os direitos decorrentes da sub-rogação (CC/02, art. 786, § 2º).[123]

---

venham a prescrever, já renovando a inscrição hipotecária, quando se fizer preciso" (CARVALHO SANTOS, J. M *Código Civil brasileiro interpretado* – direito das obrigações (arts. 972-1036). 11ª ed. vol. 13, Rio de Janeiro: Freitas Bastos, 1982, p. 103).

122 Solução dada na doutrina argentina: AGUIRRE, Felipe F. "Notas sobre la subrogación del asegurador (art. 80, Ley 17.418)". *Cuestiones teórico-prácticas de derecho de seguros*. Buenos Aires: Lexis Nexis, 2006, p. 30. Em autores espanhóis: CONDE, Mª Ángeles Calzada. "La subrogación del asegurador y la protección de los intereses de los asegurados". *Revista de Derecho Mercantil*, nº 270, Madrid, oct.-dic. 2008, p. 1426.

123 Rubén e Gabriel Stiglitz falam de uma obrigação de diligência a título de cooperação em prol do interesse alheio: STIGLITZ, Rubén; STIGLITZ, Gabriel. *Contrato de seguro*. Buenos Aires: La Rocca, 1988, p. 502. Cf. PIZA, Paulo Luiz de Toledo. "Notas sobre el perjuicio a la subrogación del asegurador en el derecho brasileño". *In*: JARAMILLO-JARAMILLO, Carlos Ignacio; RAMÍREZ BERNAL,

Para tanto, diante de eventual inércia do segurado, o sistema faculta ao segurador mover protesto interruptivo de prescrição como terceiro que pretende exercer sua futura pretensão em juízo, nos termos do art. 203 do Código Civil: "a prescrição pode ser interrompida por qualquer interessado". Ao lado disso, o regime da cessão de crédito, situação mais próxima da sub-rogação, faculta ao cessionário exercer medidas conservatórias em prol do direito cedido: "independentemente do conhecimento da cessão pelo devedor, pode o cessionário exercer os atos conservatórios do direito cedido" (CC, art. 293).

A jurisprudência superior brasileira há muito reconhece essa situação jurídica de vantagem com base no chamado "direito expectativo" que tem o segurador para tomar medidas tendentes à sua conservação.[124]

María Sandra (Coord.). *Derecho de seguros*: liber amicorum en homenaje al maestro Rubén Stiglitz. Buenos Aires: IJ Editores, 2020.

124 STJ: "o segurador pode manifestar protesto interruptivo da prescrição da ação de reembolso do seguro, antes mesmo da sua sub-rogação nos direitos do segurado pelo pagamento, à semelhança do titular de direito eventual expectativo, que pode exercer os atos destinados a conservá-lo, enquanto perdurar a condição suspensiva" (3ª Turma, REsp 77.130-PR, Min. Waldemar Zveiter, j. 04.06.1996). No mesmo sentido: 3ª Turma, REsp 2.409-SP, Min. Gueiros Leite, j. 28.06.1990; 4ª Turma, REsp 2.682-SP, Min. Cesar Asfor Rocha, j. 22.10.1996.

XI. efeito pedagógico da sub-rogação

O critério de contagem a partir do pagamento confere à companhia seguradora o direito de manipular o nascimento de sua pretensão ao sabor da conveniência do momento.[125] Nada justifica que ela disponha dessa potestade que, no fundo, lhe dá o conforto de retardar sua obrigação indenizatória e ainda manter sob seu controle o prazo prescricional.[126]

---

125 CAHALI, Yussef Said. *Prescrição e Decadência*. São Paulo: Revista dos Tribunais, 2008, pp. 154/155.

126 Argumento utilizado pelo Min. Marco Aurélio Bellizze em seu voto vencido (REsp 1.297.362-SP, j. 10.11.2016). O TJRJ também assinalou: "recomenda-se a aplicação do citado entendimento para não ficar ao livre-arbítrio da seguradora o início do prazo prescricional, pois entendimento diverso conduziria a mesma a retardar o próprio pagamento ao segurado, em manifesto abuso de direito,

Diferentemente, a solução que se propõe aqui, a par de representar o verdadeiro espírito da sub-rogação, tem o *efeito pedagógico* de forçar a seguradora a estar mais próxima do seu segurado para indenizá-lo, se for o caso, o mais rapidamente possível.[127]

Com isso, o mecanismo da sub-rogação deixa de ser um privilégio que afrouxa o cumprimento da prestação indenizatória, a critério da seguradora, para ser um instrumento de pressão a serviço da função social e da eficácia econômica do seguro.

---

decidindo quando tem início o termo inicial da prescrição, que no mais deve decorrer de uma causa natural e não pela vontade das partes" (4ª Câmara Cível, Ap. 0024946-71.2009.8.19.0210, Des. Marcelo Buhatem, j. 13.07.2011).

127 A propósito, o voto do Min. Marco Aurélio Bellizze: "embora não consista razão de decidir, acrescento que esse entendimento tem ainda o condão de induzir as seguradoras a não postergarem o cumprimento de sua obrigação perante o segurado, uma vez que sobre elas também pesarão os efeitos de sua demora, ainda que pela via reflexa da prescrição, a fulminar sua pretensão contra o causador do dano. De outro lado, sua responsabilidade pelo pagamento da indenização ao segurado desidioso fica a salvo, prevenindo casos de eventual conluio ou mera inação imotivada do segurado e liberando-a do pagamento na hipótese de demora desarrazoada na comunicação" (REsp 1.297.362-SP).

XII. necessidade de modular os efeitos do futuro precedente

Os problemas apontados no presente trabalho, se um dia surtirem alguma reflexão nas Cortes brasileiras, não devem receber o mesmo tratamento que ensejou a orientação atual.

Após anos entendendo que a companhia de seguros tem pretensão "nova" que lhe dá o direito ao reinício do prazo prescricional a partir do pagamento da indenização, o STJ formou uma jurisprudência que hoje se pode dizer *pacífica*, criando no mercado (seguradoras, segurados, consumidores, corretores, resseguradores) e no público em geral a legítima expectativa de que esse é o padrão de comportamento a ser seguido de acordo com a leitura dada pelo guardião do art. 786 do Código Civil.[128]

Nesse cenário de estabilidade já consolidada, recomenda-se um julgamento *alerta*, se for o caso, para avisar a comunidade jurídica de que o assunto ligado à sub-rogação do segurador será rediscutido em relação ao termo inicial da prescrição. Isso significa o anúncio público de que apareceu uma *dúvida* sobre o acerto da orientação até então seguida, sendo possível sua rediscussão no futuro.[129]

---

128 STJ: "A força vinculante do precedente, em sentido estrito, bem como da jurisprudência, em sentido substancial, decorre de sua capacidade de servir de diretriz para o julgamento posterior em casos análogos e de, assim, criar nos jurisdicionados a legítima expectativa de que serão seguidos pelo próprio órgão julgador e órgãos hierarquicamente inferiores e, como consequência, sugerir para o cidadão um padrão de conduta a ser seguido com estabilidade" (3ª Turma, EDcl no REsp 1.630.659-DF, Min.ª Nancy Andrighi, j. 27.11.2018).

129 A propósito, Antonio do Passo Cabral: "as técnicas preventivas de proteção da continuidade jurídica na mudança de jurisprudência têm como objetivo prevenir as alterações abruptas e inesperadas, mudança protegendo contra a ou alertando para uma possível mudança no entendimento da Corte. Dessa maneira, estes mecanismos preparam os indivíduos para que não mais se pautem naquele precedente consolidado. Neste artigo, falaremos de um importante instrumento deste tipo, que poderia ser denominado de 'anúncio público' da possível revisão de jurisprudência consolidada, ou 'julgamento-alerta'. Através desta técnica,

O sinal de *alerta* não vincula o órgão à mudança de entendimento. É apenas uma técnica *preventiva* que visa quebrar a credibilidade do precedente ou jurisprudência para diminuir o impacto do efeito surpresa que poderá haver na hipótese de eventual reviravolta.[130]

Daí em diante, a Corte Superior deve instaurar procedimento de revisão de jurisprudência com publicidade e transparência exigidas pelo sistema para autorizar possível mudança de entendimento, podendo convocar especialistas em matéria securitária, órgãos ou entidades que possam contribuir para a rediscussão da tese (CPC, art. 927, § 2º), imprimindo fundamentação adequada e específica em consideração aos princípios da segurança jurídica, da proteção da confiança e da isonomia (CPC, art. 927, § 4º).

---

o tribunal veicula a informação de que poderá estar revendo, reavaliando, reapreciando, em casos futuros, o posicionamento até então reiterado. O anúncio equivale a uma pronúncia de que a Corte 'duvida' da correção do entendimento aplicado até aquele momento, e, portanto, passa ao público a mensagem de que é possível a alteração de sua conclusão a respeito do tema" (CABRAL, Antonio do Passo. "A técnica do julgamento-alerta na mudança de jurisprudência consolidada". *Revista de Processo*, nº 221, pp. 13-48, jul. 2013).

130 ARRUDA ALVIM, Teresa. *Modulação na alteração da jurisprudência firme ou de precedentes vinculantes*. 2ª ed. São Paulo: Revista dos Tribunais, 2021, p. 197.

Entendemos ser o caso de *superação total* da jurisprudência dominante como resposta a um evidente *equívoco* ou *erro* manifesto[131] a reclamar interpretação corretiva na solução jurídica do problema (*overruling*).[132]

---

131 ARRUDA ALVIM, Teresa. *Modulação na alteração da jurisprudência firme ou de precedentes vinculantes*. 2ª ed. São Paulo: Revista dos Tribunais, 2021, pp. 168 e 176; BARIONI, Rodrigo. "O que podemos aprender sobre precedentes em um recente julgamento da Suprema Corte dos EUA?". *Revista de Processo*, nº 312, p. 291, São Paulo: Revista dos Tribunais, fev. 2021. São circunstâncias que justificam a superação total, segundo Daniel Mitidiero: "a *superação total* de um precedente (*overruling*) constitui a resposta judicial ao desgaste da sua congruência social e da sua consistência sistêmica ou a um *evidente equívoco* na sua solução. Quando o precedente carece de congruência e consistência ou é evidentemente equivocado, os princípios básicos que sustentam a regra do *stare decisis* – segurança jurídica, liberdade e igualdade – deixam de autorizar a sua replicabilidade (*replicability*), com o que deve ser superado, sob pena de estancar-se o processo de contínua evolução do Direito. Essa conjugação é tida pela doutrina como a norma básica para superação de precedentes (*basic overruling principle*)" (MITIDIERO, Daniel. *Precedentes*: da persuasão à vinculação. São Paulo: Revista dos Tribunais, 2016, pp. 119/120).

132 A "*interpretazione correttiva*" como se diz na doutrina italiana: VERDE, Giovanni. "Mutamento di giurisprudenza e affidamento incolpevole (considerazioni sul difficile rapporto fra giudice e legge)". *Rivista di Diritto Processuale*, vol. 67, n. 1, p. 12, 2012.

Além disso, mesmo com decisão *alerta*, considerando a sensibilidade que envolve o assunto prescrição, eventual correção de rumos exigirá *modulação* na eficácia do novo precedente, com projeção de aplicação futura (*prospective overruling*),[133] para não apanhar de surpresa aqueles que confiaram no padrão decisório[134] até então adotado pelo Tribunal Superior[135] (CPC, art.

---

133 Na linha do tempo, a eficácia prospectiva do precedente vai além do efeito *ex nunc,* que significa aplicar o novo entendimento a partir de hoje (data presente). Aquela significa aplicá-lo a partir de amanhã (data futura).

134 Com precisão, Humberto Ávila: "segurança jurídica existe precisamente quando o indivíduo conhece e compreende o conteúdo do Direito, quando tem assegurados no presente os direitos que conquistou no passado e quando pode razoavelmente calcular as consequências que serão aplicadas no futuro relativamente aos atos que praticar no presente (...). Mas não basta que as mudanças não sejam repentinas, isto é, adotadas de uma hora para outra. É preciso também que não sejam drásticas, isto é, não alterem as consequências jurídicas de maneira muito intensa sem que sejam estabelecidas regras de transição do regime jurídico mais favorável para o mais desfavorável" (ÁVILA, Humberto. *Constituição, liberdade e interpretação*. São Paulo: Malheiros, 2019, pp. 19/20).

135 Sustentamos a técnica da modulação para o STJ desde o CPC/73 com base no princípio da segurança jurídica e na tutela da confiança: MELO, Gustavo de Medeiros. "Limites à retroatividade do precedente uniformizador de jurisprudência". *Revista Forense*, Rio de Janeiro: Forense, n. 407, pp. 127-148, jan.-fev. 2010. No mesmo sentido, ainda sob o CPC/73: JÚNIOR, Jaldemiro Rodrigues

927, § 3º),[136] sobretudo as companhias de seguro que se programaram para aforar suas ações de ressarcimento de acordo com a jurisprudência dominante,[137] ou seja, após o pagamento realizado ao segurado.[138]

---

de Ataíde. *Precedentes vinculantes e irretroatividade do direito no sistema processual brasileiro*: os precedentes dos tribunais superiores e sua eficácia temporal. Lisboa: Juruá, 2012, p. 209.

136 STJ: "A modulação de efeitos do art. 927, § 3º, do CPC/15 deve ser utilizada com parcimônia, de forma excepcional e em hipóteses específicas, em que o entendimento superado tiver sido efetivamente capaz de gerar uma expectativa legítima de atuação nos jurisdicionados e, ainda, o exigir o interesse social envolvido" (3ª Turma, EDcl no REsp 1.630.659-DF, Min.ª Nancy Andrighi, j. 27.11.2018).

137 O STJ vem aplicando a técnica da modulação tanto na mudança de jurisprudência pacífica (ou dominante) quanto na formação de precedente pelo regime dos recursos repetitivos para dissolver controvérsia: 2ª Seção, REsp 1.312.736-RS, Min. Antonio Carlos Ferreira, j. 08.08.2018.

138 Em matéria securitária, considerando ter havido "traumática alteração de entendimento desta Corte Superior", a 3ª Turma do STJ modulou os efeitos do precedente firmado no REsp 1.335.005/GO (2ª Seção), que alterou a interpretação dada por muitos anos ao art. 798 do CC, na discussão do critério objetivo temporal que determina a cobertura do suicídio. Proveu-se o recurso de uma viúva para reconhecer a cobertura do seguro de vida contratado por seu marido, que se suicidou antes de 2 anos da contratação, com base no entendimento vigente à época dos fatos (3ª T., REsp 1.721.716-PR, Min.ª Nancy Andrighi, j. 10.12.2019). Com resenha crítica à *forma* pela qual se operou essa mudança de jurisprudência, cf.: MELO, Gustavo de Medeiros. "A superação do precedente no novo CPC".

Atualmente, o regime de superação do precedente previsto no sistema processual foi incrementado pela Lei de Introdução às Normas do Direito Brasileiro com outra diretriz normativa que institui *regra de transição* para preparar o público destinatário da nova orientação a ser aplicada sobre norma de conteúdo indeterminado (LINDB, art. 23).[139]

Aqui, não há propriamente "norma de conteúdo indeterminado" em matéria de sub-rogação. No entanto, a questão que gira em torno de sua natureza jurídica, com reflexo no termo inicial da prescrição, encontra-se de tal maneira mal resolvida no Brasil que eventual mudança de paradigma jurisprudencial requer a mesma cautela exigida pela LINDB para amortecer o impacto gerado pelo "novo condicionamento de direito", a ser cumprido de modo proporcional, equânime e eficiente, sem prejuízo aos interesses gerais.

Valor Econômico. Caderno E – Legislação & Tributos, 06 ago. 2015.

139 "Art. 23. A decisão administrativa, controladora ou judicial que estabelecer interpretação ou orientação nova sobre norma de conteúdo indeterminado, impondo novo dever ou novo condicionamento de direito, deverá prever regime de transição quando indispensável para que o novo dever ou condicionamento de direito seja cumprido de modo proporcional, equânime e eficiente e sem prejuízo aos interesses gerais".

Outra diretriz normativa está no art. 24 da LINDB, cujo âmbito material de incidência, apesar de restrito à invalidade dos atos da administração pública, a envolver toda e qualquer forma de controle da atuação administrativa,[140] serve de reforço argumentativo para justificar a preservação de situações plenamente constituídas em conformidade com as orientações gerais e interpretações contidas em atos públicos de caráter geral, em jurisprudência judicial ou administrativa majoritária.[141]

---

140 CÂMARA, Jacintho Arruda. "Art. 24 da LINDB: irretroatividade de nova orientação geral para anular deliberações administrativas". *Revista de Direito Administrativo*, edição especial: Direito Público na Lei de Introdução às Normas de Direito Brasileiro – LINDB (Lei n. 13.655/2018), Rio de Janeiro, 2018, p. 118; e NOBRE JÚNIOR, Edilson Pereira. *As normas de Direito Público na Lei de introdução ao Direito brasileiro*: paradigmas para interpretação e aplicação do Direito Administrativo. São Paulo: Contracorrente, 2019, p. 118.

141 "Art. 24. A revisão, nas esferas administrativa, controladora ou judicial, quanto à validade de ato, contrato, ajuste, processo ou norma administrativa cuja produção já se houver completado levará em conta as orientações gerais da época, sendo vedado que, com base em mudança posterior de orientação geral, se declarem inválidas situações plenamente constituídas. *Parágrafo único*. Consideram-se orientações gerais as interpretações e especificações contidas em atos públicos de caráter geral ou em jurisprudência judicial ou administrativa majoritária, e ainda as adotadas por prática administrativa reiterada e de amplo conhecimento público".

O objetivo, segundo Antonio do Passo Cabral, é exigir que o juiz, no controle da validade de atos e processos que já tenham surtido efeitos, observe os *parâmetros normativos* tomados pelo indivíduo para guiar seu comportamento.[142]

142 CABRAL, Antonio do Passo. *Segurança jurídica e regras de transição nos processos judicial e administrativo*: introdução ao art. 23 da LINDB. Salvador: JusPodivm, 2020, p. 245.

conclusões

a) A questão do termo inicial de contagem do prazo de prescrição da pretensão da seguradora sub-rogada é assunto esquecido pela doutrina e muito mal resolvido no Poder Judiciário brasileiro.

b) A sub-rogação é legal e transfere à seguradora as pretensões, ações, direitos, privilégios, garantias e acessórios do crédito primitivo do segurado junto ao autor do dano ou seu responsável (CC, art. 786).

c) A sub-rogação não se confunde com direito de regresso. Este último constitui direito novo formado pela pretensão que nasce para quem precisa se ressarcir junto ao corresponsável por aquilo que cumpriu além do que devia no âmbito de suas relações internas. A sub-rogação transfere à seguradora direito velho do seu segurado com as garantias e acessórios da relação de origem.

d) O pagamento da indenização securitária constitui apenas o ingresso da seguradora na relação jurídica originária no estado em que se encontra, com seus ônus e bônus. A dívida continua a mesma, mudando apenas o titular do crédito.

e) Transferida a relação jurídica originária, a seguradora herda a mesma pretensão do seu segurado, com prazo prescricional em curso.

f) A interpretação segundo a qual a seguradora herda a pretensão com prazo prescricional em curso tem o *efeito pedagógico* de forçá-la a estar mais próxima do segurado, cuidando para que sua obrigação de garantia seja prestada com rapidez, ainda a tempo de acionar o devedor para fins de reembolso.

g) Se necessário, na condição de terceiro interessado com expectativa de sub-rogação, a seguradora pode interpor medida judicial de protesto interruptivo de prescrição *antes* mesmo de indenizar o segurado.

h) A jurisprudência do STF e do STJ, por décadas, sempre foi no sentido de que a seguradora sub-rogada recebe a mesma pretensão do seu segurado para ser exercida *dentro do prazo prescricional aplicável à relação jurídica originária*, ou seja, *dentro do prazo em curso* que havia iniciado sua contagem para o segurado.

i) Em 2015 e 2016, entretanto, sem anunciar que estavam mudando sua jurisprudência consolidada sobre o termo inicial, as duas turmas de Direito Privado do STJ alteraram seu entendimento, com a interpretação de que somente a partir do *pagamento* começa a contar o prazo prescricional para a seguradora sub-rogada.

j) Não houve propriamente superação de jurisprudência (*overruling*), mas um atropelo acidental dela sem a publicidade, o diálogo e a fundamentação específica para esse procedimento, com remissão a julgados que não tratam da temática da sub-rogação do segurador. Aqueles que chegaram a tratar da sub-rogação não enfrentaram a questão específica do *dies a quo*. Os poucos que enfrentaram o termo inicial adotaram solução oposta à anunciada pelo relator.

k) O novo entendimento distorce o espírito da verdadeira sub-rogação, confere à seguradora o direito de manipular o nascimento de sua pretensão, afrouxa sua obrigação de prestar a garantia o mais prontamente possível e submete o devedor a um *estado de sujeição indefinido no tempo*. É uma ofensa aos princípios constitucionais da dignidade da pessoa humana e da segurança jurídica, atraindo a eficácia horizontal dos direitos fundamentais nesse tipo de relação privada.

l) O voto vencido do Min. Marco Aurélio Bellizze, no Recurso Especial 1.297.362-SP, constitui aquilo que a doutrina chama de *opinião dissidente*, com carga argumentativa relevante para despertar na comunidade jurídica o interesse em sua discussão.

m) Num cenário como esse, se entender que é o caso, a Corte Superior brasileira pode fazer o julgamento *alerta* para anunciar previamente ao público que a questão do termo inicial da pretensão do segurador sub-rogado pode voltar a ser debatida em breve.

n) Recomenda-se a superação total do entendimento hoje prevalecente, não sem antes submeter a discussão ao canal próprio de revisão de jurisprudência, se possível com participação de especialistas em matéria securitária, órgãos ou entidades que possam contribuir para a rediscussão da tese, imprimindo fundamentação adequada e específica em consideração aos princípios da segurança jurídica, da proteção da confiança e da isonomia.

o) A Corte Superior haverá de modular os efeitos do novo precedente, com *eficácia prospectiva no tempo*, para não apanhar de surpresa aqueles que confiaram no padrão decisório criado pelo Tribunal Superior, sobretudo as companhias de seguro que ajuizaram suas ações de ressarcimento de acordo com a jurisprudência prevalecente.

referências bibliográficas

AGUIRRE, Felipe F. "Notas sobre la subrogación del asegurador (art. 80, Ley 17.418)". *Cuestiones Teórico-Prácticas de Derecho de Seguros*, Buenos Aires: Lexis Nexis, 2006.

ALEXY, Robert. *Teoria dos Direitos Fundamentais*. 2ª ed. São Paulo: Malheiros, 2017, p. 529.

ALMEIDA COSTA, Mário Júlio de. *Direito das obrigações*. 12ª ed. Coimbra: Almedina, 2016.

ALVIM, Pedro. *O contrato de seguro*. 3ª ed. Rio de Janeiro: Forense, 2001.

ANTUNES VARELA, João de Matos. *Das obrigações em geral*. 7ª ed. vol. 2, Coimbra: Almedina, 2006.

ARRUDA ALVIM, José Manoel de. "Sub-rogação convencional de Direitos". In: ARRUDA ALVIM, José Manoel de. *Soluções práticas de Direito*. vol. 2, ago. 2011.

ARRUDA ALVIM, José Manoel de. "Sub-rogação de crédito no Direito Cambiário". *In:* ARRUDA

ALVIM, José Manoel de. *Soluções práticas de Direito.* vol. 2, ago. 2011.

ARRUDA ALVIM, Teresa. *Modulação na alteração da jurisprudência firme ou de precedentes vinculantes.* 2ª ed. São Paulo: Revista dos Tribunais, 2021.

ASCARELLI, Tullio. "O conceito unitário do contrato de seguro". *In*: ASCARELLI, Tullio. *Problemas das Sociedades Anônimas e Direito Comparado.* São Paulo: Saraiva, 1945.

ÁVILA, Humberto. *Constituição, liberdade e interpretação.* São Paulo: Malheiros, 2019.

BARBOSA MOREIRA, J. C. "Súmula, jurisprudência, precedente: uma escalada e seus riscos". *In*: BARBOSA MOREIRA, J. C. *Temas de Direito Processual.* série 9, São Paulo: Saraiva, 2007.

BARBOSA MOREIRA, J. C. "A Emenda Constitucional n. 45 e o processo". In: BARBOSA MOREIRA, J. C. *Temas de Direito Processual.* série 9, São Paulo: Saraiva, 2007.

BARIONI, Rodrigo. "O que podemos aprender sobre precedentes em um recente julgamento da Suprema Corte dos EUA?". *Revista de Processo*, nº 312, São Paulo: Revista dos Tribunais, fev. 2021.

BARREIRA, Wagner. "Sub-rogação do segurador". *In*: *Estudos jurídicos em homenagem ao professor Orlando Gomes.* Rio de Janeiro: Forense, 1979.

BARROS MONTEIRO, Washington de. *Curso de Direito Civil* – direito das obrigações. 1ª parte, vol. 4. São Paulo: Saraiva, 2003.

BDINE JR., Hamid Charaf. *Código Civil comentado*: doutrina e jurisprudência. *In*: PELUSO, Ministro Cezar (Coord.). 11ª ed. São Paulo: Manole, 2017.

BEVILAQUA, Clovis. *Direito das obrigações*. Edição histórica. Rio de Janeiro: Rio, 1977.

CABRAL, Antonio do Passo. "A técnica do julgamento-alerta na mudança de jurisprudência consolidada". *Revista de Processo*, nº 221, jul. 2013.

CABRAL, Antonio do Passo. *Segurança jurídica e regras de transição nos processos judicial e administrativo*: introdução ao art. 23 da LINDB. Salvador: JusPodivm, 2020.

CAHALI, Yussef Said. *Prescrição e decadência*. São Paulo: Revista dos Tribunais, 2008.

CÂMARA, Jacintho Arruda. "Art. 24 da LINDB: Irretroatividade de nova orientação geral para anular deliberações administrativas". *Revista de Direito Administrativo*, edição especial, Rio de Janeiro, : Direito Público na Lei de Introdução às Normas de Direito Brasileiro – LINDB (Lei n. 13.655/2018), nov. 2018.

CARVALHO SANTOS, J. M. *Código Civil brasileiro interpretado* – direito das obrigações (arts. 972-1036). 11ª ed. vol. 13, Rio de Janeiro: Freitas Bastos, 1982.

COELHO, Fábio Ulhoa. "Os avanços do Projeto de Lei 29/2017". *In*: VII FÓRUM DE DIREITO DO SEGURO JOSÉ SOLLERO FILHO. *Lei de contrato de seguro*: solidariedade ou exclusão. Em homenagem a Rubén Stiglitz. São Paulo: Roncarati, 2018.

COELHO, Fábio Ulhoa. *Obrigações* – responsabilidade civil. 3ª ed. vol. 2, São Paulo: Saraiva, 2009.

COMPARATO, Fábio Konder. *O seguro de crédito*. São Paulo: Revista dos Tribunais, 1968.

CONDE, M.ª Maria Ángeles Calzada. "La subrogación del asegurador y la protección de los intereses de los asegurados". *Revista de Derecho Mercantil*, n. 270, Madrid, oct.-dic. 2008.

COSTA, Moacir Lobo da. "Da sub-rogação legal em favor do segurador terrestre no direito civil comparado". *Revista Forense*, nº 147, maio-junho, 1953.

CREMONEZE, Paulo Henrique. *Prática de Direito Marítimo* – o contrato de transporte marítimo e a responsabilidade civil do transportador. São Paulo: Quartier Latin, 2009.

DELGADO, José Augusto. *Comentários ao novo Código Civil*. *In*: TEIXEIRA, Sálvio de Figueiredo (Coord.). vol. 11, tomo I, Rio de Janeiro: Forense, 2004.

DIDIER JR., Fredie; BOMFIM, Daniela Santos. "A sub-rogação prevista no art. 786 do Código Civil e a convenção de arbitragem celebrada pelo segurado". *Revista de Direito Civil Contemporâneo*, São Paulo: Revista dos Tribunais, vol. 24, ano 7, jul.-set. 2020.

ESPÍNOLA, Eduardo. *Garantia e extinção das obrigações* – obrigações solidárias e indivisíveis. Campinas: Bookseller, 2005.

FARIAS, Cristiano Chaves de; ROSENVALD, Nelson. *Curso de Direito Civil* – direito das obrigações. 7ª ed. vol. 2, Salvador: JusPodivm, 2013.

GALVÃO TELLES, Inocêncio. *Direito das obrigações*. 7ª ed. Coimbra: Coimbra, 1997.

GODOY, Cláudio Luiz Bueno de. *In*: PELUSO, Ministro Cezar (Coord.). *Código Civil comentado*: doutrina e jurisprudência. 11ª ed. São Paulo: Manole, 2017.

GOLDBERG, Ilan. A prescrição e o contrato de seguro. In: GOLDBERG, Ilan. *Direito de seguro e resseguro*. Rio de Janeiro: FGV, 2012.

GOMES, Júlio Manuel Vieira. "Da sub-rogação legal do segurador à luz da nova Lei do Contrato de Seguro (Decreto-Lei nº 72/2008, de 16 de abril)". *In*: OTERO, Paulo; ARAÚJO, Fernando; GAMA, João Taborda da (Coord.). *Estudos em memória do prof. doutor J. L. Saldanha Sanches*. Direito Privado, Processual e Criminal. vol. 2, Coimbra: Coimbra, 2011.

GOMES, Orlando. *Obrigações*. 17ª ed., Rio de Janeiro: Forense, 2009.

HALPERIN, Isaac. *Seguros*. Exposición crítica de las leyes 17.418 y 20.091. 2ª ed. vol. 2. Buenos Aires: Depalma, 1983.

HESSE, Konrad. "Significado dos direitos fundamentais". *In*: HESSE, Konrad. *Temas fundamentais do Direito Constitucional*. São Paulo: Saraiva, 2ª tiragem, 2013.

JÚNIOR, Jaldemiro Rodrigues de Ataíde. *Precedentes vinculantes e irretroatividade do direito no sistema processual brasileiro*: os precedentes dos tribunais superiores e sua eficácia temporal. Lisboa: Juruá, 2012.

KIMBALL, Spencer L.; DAVI, Don A. "The extension of insurance subrogation". *Michigan Law Review*, vol. 60, nº 7, may 1962.

KLANG, Márcio. "O instituto da sub-rogação". *Revista dos Tribunais*. nº 661, nov. 1990.

LEAL, Victor Nunes. "Passado e futuro da súmula do STF". *Revista de Direito Administrativo*, vol. 145, 1981.

MARINONI, Luiz Guilherme. *Julgamento nas Cortes Supremas*: precedente e decisão do recurso diante do novo CPC. São Paulo: Revista dos Tribunais, 2015.

MARTINS, Maria Inês de Oliveira. "Seguro e responsabilidade civil". *Boletim da Faculdade de Direito da Universidade de Coimbra*, nº 01, 2020.

MARTINS-COSTA, Judith. *A boa-fé no Direito Privado* – critérios para sua aplicação. 2ª ed. São Paulo: Saraiva, 2018.

MARTINS-COSTA, Judith. *In*: TEIXEIRA, Sálvio de Figueiredo (Coord.). *Comentários ao novo Código Civil*. Do direito das obrigações. vol. 11, tomo I. Rio de Janeiro: Forense, 2003.

MEDINA, José Miguel Garcia. *Execução*. 6ª ed. São Paulo: Revista dos Tribunais, 2019.

MELO, Gustavo de Medeiros. *Ação direta da vítima no seguro de responsabilidade civil*. São Paulo: Contracorrente, 2016.

MELO, Gustavo de Medeiros. "Limites à retroatividade do precedente uniformizador de jurisprudência". *Revista Forense*, nº 407, Rio de Janeiro: Forense, jan.-fev. 2010.

MELO, Gustavo de Medeiros. "A superação do precedente no novo CPC". *Valor Econômico*, caderno E – Legislação & Tributos, 06 ago. 2015.

MELO, Gustavo de Medeiros. "O pedido de reconsideração nos processos de regulação de sinistro". *Revista Brasileira da Advocacia*, vol. 6, ano 2. São Paulo: Revista dos Tribunais, jul.-set. 2017.

MENEZES CORDEIRO, António. *Direito dos seguros*. Coimbra: Almedina, 2013.

MIRAGEM, Bruno. *Direito Civil* - direito das obrigações. 2ª ed. São Paulo: Saraiva, 2018.

MIRAGEM, Bruno; PETERSEN, Luiza. "Regulação do sinistro: pressupostos e efeitos na execução do contrato de seguro". *Revista dos Tribunais*, nº 1025, mar. 2021.

MITIDIERO, Daniel. *Precedentes*: da persuasão à vinculação. São Paulo: Revista dos Tribunais, 2016.

MOITINHO DE ALMEIDA, J. C. *O contrato de seguro no Direito Português e Comparado*. Lisboa: Livraria Sá da Costa, 1971.

MONNERAT, Fábio Victor da Fonte. *Súmulas e precedentes qualificados:* técnicas de formação e aplicação. São Paulo: Saraiva, 2019.

NERY JR., Nelson. "Citação e arbitragem - anti injunction jurisdiction ou anti-suit injunction". *In:* NERY JR, Nelson. *Soluções práticas de Direito*. vol. 5. São Paulo: Revista dos Tribunais, set. 2014.

NOBRE JÚNIOR, Edilson Pereira. *As normas de Direito Público na Lei de introdução ao Direito brasileiro*: paradigmas para interpretação e aplicação do Direito Administrativo. São Paulo: Contracorrente, 2019.

OLIVEIRA, A. Gonçalves. "Seguros – sub-rogação – transporte marítimo e transporte terrestre". *Revista Forense*, nº 111, maio 1947.

PEREIRA, Caio Mário da Silva. *Instituições de Direito Civil*: teoria geral das obrigações. 20ª ed. vol. 2, Rio de Janeiro: Forense, 2004.

PIZA, Paulo Luiz de Toledo. "Notas sobre el perjuicio a la subrogación del asegurador en el derecho brasileño". *In*: JARAMILLO-JARAMILLO, Carlos Ignacio; RAMÍREZ BERNAL, María Sandra (Coord.). *Derecho de seguros*: Liber Amicorum en homenaje al maestro Rubén Stiglitz. Buenos Aires: IJ Editores, 2020.

PONTES DE MIRANDA, F. C. *Tratado de Direito Privado*. 3ª ed. vol. 24. São Paulo: Revista dos Tribunais, 1984.

PONTES DE MIRANDA, F. C. *Tratado de Direito Privado*. 3ª ed. vol. 45. São Paulo: Revista dos Tribunais, 1984.

PORTO, Mário Moacyr. "Algumas notas sobre seguros de indenização e seguros pessoais". *In*: PORTO, Mário Moacyr. *Temas de responsabilidade civil*. São Paulo: Revista dos Tribunais, 1989.

PORTO, Mário Moacyr. "Ação da seguradora contra o terceiro causador do sinistro". *In*: PORTO, Mário Moacyr. *Ação de responsabilidade civil e outros estudos*. São Paulo: Revista dos Tribunais, 1966.

PORTO, Mário Moacyr. "Da cumulação do benefício do seguro terrestre com a indenização devida pelo autor do dano". In: PORTO, Mário Moacyr. *Ação de responsabilidade civil e outros estudos*. São Paulo: Revista dos Tribunais, 1966.

REGO, Margarida Lima. *Contrato de seguro e terceiros*: estudos de Direito Civil. Coimbra: Coimbra, 2010.

ROCHA, Francisco B. F. Rodrigues. "Sub-rogação do segurador e prescrição – comentário ao Acórdão do

Tribunal da Relação de Évora de 10 de março de 2016, proc. nº 436/12.4TBMRA.E1". *Revista de Direito e de Estudos Sociais*. ano 57, nº 1-4, jan.-dez. 2016.

ROCHA, Francisco B. F. "Sub-rogação do segurador nos seguros de danos nos direitos português e brasileiro: eficácia, âmbito de aplicação, exceções oponíveis e ónus de a não prejudicar". *Revista Jurídica de Seguros*, Rio de Janeiro: Confederação Nacional das Seguradoras, nº 8, maio 2018.

RODRIGUES, Paula Roberta; LERER, Guilherme. "Notas sobre a sub-rogação no seguro de transporte marítimo internacional de mercadorias". *In*: GOLDBERG, Ilan; JUNQUEIRA, Thiago (Coord.). *Temas atuais de Direito dos seguros*. tomo II. São Paulo: Revista dos Tribunais, 2020.

RODRIGUES, Silvio. *Direito Civil* – parte geral das obrigações. 30ª ed., vol. 2, São Paulo: Saraiva, 2002.

SALVAT, María Rosa Isern. "Disposiciones generales sobre la cobertura del siniestro". *In*: EIRAS, Mª.Rocío Quintáns; OTERO, Lorena Cecilia Ramirez (Coord.). *Estudios sobre el contrato de seguro*. Breña: Instituto Pacífico, 2017.

SERPA LOPES, Miguel Maria de. *Curso de Direito Civil*. Obrigações em geral. 5ª ed. vol. 2, Rio de Janeiro: Freitas Bastos, 1989.

SERPA LOPES, Miguel Maria de. *Curso de Direito Civil*. Fontes das obrigações: contratos. 5ª ed., vol. 4, Rio de Janeiro: Freitas Bastos, 1999.

SILVA, Virgílio Afonso da. *A constitucionalização do Direito* – os direitos fundamentais nas relações entre particulares. 1ª ed. São Paulo: Malheiros, 2011.

SIMÃO, José Fernando. *Prescrição e decadência*: início dos prazos. São Paulo: Atlas, 2013.

STIGLITZ, Rubén S. *Derecho de seguros*. 5ª ed. tomo III. Buenos Aires: La Ley, 2008.

STIGLITZ, Rubén S.; STIGLITZ, Gabriel. *contrato de seguro*. Buenos Aires: La Rocca, 1988.

TARTUCE, Flávio. *Manual de Direito Civil*. 6ª ed. vol. único, São Paulo: Método, 2016.

TARUFFO, Michele. "Precedente e jurisprudência". *Revista de Processo*, nº 199. São Paulo: Revista dos Tribunais, set. 2011.

TEPEDINO, Gustavo (*et al*). *Código Civil interpretado conforme a Constituição da República*. 2ª ed., vol. 2, Rio de Janeiro: Renovar, 2012.

THEODORO JR., Humberto. "O contrato de seguro e a regulação do sinistro". *Revista dos Tribunais*, nº 832. São Paulo: Revista dos Tribunais, fev. 2005.

TORRE, Antonio La. "Il punto sulla surrogazione dell'assicuratore". *Assicurazioni – Rivista di diritto, economia e finanza delle assicurazioni private*, anno 45, fasc. 4-5, p. 342, lug.-ott. 1978. *In*: TZIRULNIK, Ernesto. *Regulação de sinistro* (ensaio jurídico). 3ª. ed. São Paulo: Max Limonad, 2001.

TZIRULNIK, Ernesto; CAVALCANTI, Flávio de Queiróz B.; PIMENTEL, Ayrton. *O contrato de seguro de acordo com o Código Civil brasileiro*. 3ª ed. São Paulo: Revista dos Tribunais, 2016.

VASQUES, José. *Contrato de seguro*: notas para uma teoria geral. Coimbra: Coimbra, 1999.

VERDE, Giovanni. "Mutamento di giurisprudenza e affidamento incolpevole (considerazioni sul difficile rapporto fra giudice e legge)". *Rivista di Diritto Processuale*. vol. 67, nº 1, 2012.

ZULIANI, Ênio Santarelli. *In*: NANNI, Giovanni Ettore (Coord.). *Comentários ao Código Civil:* Direito Privado contemporâneo. São Paulo: Saraiva, 2019.

Anexos

AgRg no AGRAVO EM RECURSO ESPECIAL Nº 598.619 - SP (2014/0253996-7)

RELATOR: MINISTRO LUIS FELIPE SALOMÃO

AGRAVANTE: DANIEL JUN KUWATOMI TAKEMATSU

ADVOGADO: LUIZ BELLOTTI GIMENEZ E OUTRO(S)

AGRAVADO: PORTO SEGURO COMPANHIA DE SEGUROS GERAIS

ADVOGADO: JOSÉ CARLOS VAN CLEEF DE ALMEIDA SANTOS E OUTRO(S)

EMENTA

> AGRAVO REGIMENTAL EM RECURSO ESPECIAL. SEGURADORA. SUB-ROGAÇÃO. TERMO *A QUO* DO PRAZO
>
> 1. A seguradora, ao ressarcir os prejuízos ocasionados pelo acidente, sub-roga-se nos direitos do segurado, podendo ajuizar ação contra o terceiro. a sub-rogação, entretanto, não restringe os direitos sub-rogados, de modo que o prazo prescricional a ser aplicado deve ser o mesmo previsto para o segurado.
>
> 2. Com efeito, "Esta Corte já firmou entendimento de que, ao efetuar o pagamento

> da indenização ao segurado em decorrência de danos causados por terceiro, a seguradora sub-roga-se nos direitos daquele, podendo, dentro do prazo prescricional aplicável à relação jurídica originária, buscar o ressarcimento do que despendeu, nos mesmos termos e limites que assistiam ao segurado" (AgRg no REsp 1169418/RJ, Rel. Ministro RICARDO VILLAS BÔAS CUEVA, TERCEIRA TURMA, julgado em 06/02/2014, DJe 14/02/2014).
>
> 3. Agravo regimental não provido.

ACÓRDÃO

Vistos, relatados e discutidos estes autos, os Ministros da QUARTA Turma do Superior Tribunal de Justiça acordam, na conformidade dos votos e das notas taquigráficas a seguir, por unanimidade, negar provimento ao agravo regimental, nos termos do voto do Sr. Ministro Relator. Os Srs. Ministros Raul Araújo (Presidente), Maria Isabel Gallotti, Antonio Carlos Ferreira e Marco Buzzi votaram com o Sr. Ministro Relator.

Brasília (DF), 05 de fevereiro de 2015
(Data do Julgamento)

MINISTRO LUIS FELIPE SALOMÃO

Relator

AgRg no AGRAVO EM RECURSO ESPECIAL Nº 598.619 - SP (2014/0253996-7)

AGRAVANTE: DANIEL JUN KUWATOMI TAKEMATSU

ADVOGADO: LUIZ BELLOTTI GIMENEZ E OUTRO(S)

AGRAVADO: PORTO SEGURO COMPANHIA DE SEGUROS GERAIS

ADVOGADO: JOSÉ CARLOS VAN CLEEF DE ALMEIDA SANTOS E OUTRO(S)

RELATÓRIO

O SENHOR MINISTRO LUIS FELIPE SALOMÃO (Relator):

1. Trata-se de agravo regimental interposto por Daniel Jun Kuwatomi Takematsu em face da decisão deste relator de fls. 301-304, na qual neguei provimento ao agravo em recurso especial.

Nas razões recursais o recorrente alega que: não há disposição no art. 786 do CC que permita o entendimento de que a prescrição da contagem do prazo prescricional seja a partir da data do pagamento pela seguradora ao segurado, quando se busca ressarcir terceiro; permitir que a data do pagamento seja o termo inicial para a contagem da prescrição dos direitos sub-rogados fere a segurança jurídica das relações civis, pois permite ao interessado aproveitar-se da situação manejando seus interesses de maneira a afrontar os direitos do terceiro; o art. 196 do CC dispõe que a prescrição iniciada contra uma pessoa continua a correr contra o seu sucessor, assim, sendo a sub-rogação a substituição do titular originário por outro, estamos diante de um sucessor desses direitos, por isso recebe os direitos na forma que se encontram; a lei civil confere o prazo de 3 anos para a busca da reparação de danos, assim, no caso dos autos não se pode entender que o pagamento seja o termo *a quo* para a seguradora, pois esta acaba levando vantagem em relação ao segurado, pois pode dispor do prazo prescricional, não tendo o mesmo direito o recorrente.

Requer o provimento do agravo em recurso especial para conhecer e dar provimento ao apelo nobre.

É o relatório.

AgRg no AGRAVO EM RECURSO ESPECIAL Nº 598.619 - SP (2014/0253996-7)

RELATOR : MINISTRO LUIS FELIPE SALOMÃO

AGRAVANTE : DANIEL JUN KUWATOMI TAKEMATSU

ADVOGADO : LUIZ BELLOTTI GIMENEZ E OUTRO(S)

AGRAVADO : PORTO SEGURO COMPANHIA DE SEGUROS GERAIS

ADVOGADO : JOSÉ CARLOS VAN CLEEF DE ALMEIDA SANTOS E OUTRO(S)

EMENTA

> AGRAVO REGIMENTAL EM RECURSO ESPECIAL. SEGURADORA. SUB-ROGAÇÃO. TERMO *A QUO* DO PRAZO PRESCRICIONAL. DATA DO PAGAMENTO. AGRAVO NÃO PROVIDO.
>
> 1. A seguradora, ao ressarcir os prejuízos ocasionados pelo acidente, sub-roga-se nos direitos do segurado, podendo ajuizar ação contra o terceiro. a sub-rogação, entretanto, não restringe os direitos sub-rogados, de modo que o prazo prescricional a ser aplicado deve ser o mesmo previsto para o segurado.

> 2. Com efeito, "Esta Corte já firmou entendimento de que, ao efetuar o pagamento da indenização ao segurado em decorrência de danos causados por terceiro, a seguradora sub-roga-se nos direitos daquele, podendo, dentro do prazo prescricional aplicável à relação jurídica originária, buscar o ressarcimento do que despendeu, nos mesmos termos e limites que assistiam ao segurado" (AgRg no REsp 1169418/RJ, Rel. Ministro RICARDO VILLAS BÔAS CUEVA, TERCEIRA TURMA, julgado em 06/02/2014, DJe 14/02/2014).
>
> 3. Agravo regimental não provido.

VOTO

O SENHOR MINISTRO LUIS FELIPE SALOMÃO (Relator):

2. O recurso não merece ser acolhido. Com efeito, a parte não trouxe nenhuma argumentação capaz de modificar a conclusão do decisório ora agravado, ao contrário, repisa os mesmos argumentos, já afastados em razão de estarem em confronto com a jurisprudência desta Corte Superior (incidência da Súmula 83/STJ a obstar o conhecimento do recurso especial). Portanto, a decisão recorrida merece ser mantida por seus próprios fundamentos. *In verbis:*

> 2. A matéria referente aos arts. 349, 350 e 934 do Código Civil não foi objeto de

discussão no acórdão recorrido, apesar da oposição de embargos de declaração, não se configurando o prequestionamento, o que impossibilita a sua apreciação na via especial (Súmulas 282/STF e 211/STJ).

3. No caso, observa-se que não se discute que o prazo prescricional é aquele previsto no art. 206, § 3º, do Código Civil - 3 anos - , mas sim, o termo *a quo* da contagem do referido lapso temporal. Nessa linha, o acórdão estadual entendeu que a ação não estava prescrita, pois o prazo de 3 anos para fluência do prazo prescricional começa do efetivo pagamento pela seguradora, fl. 232. Vejamos: Com efeito, tratando-se a presente de ação regressiva ajuizada pela seguradora de um dos condutores em face de terceiro, suposto responsável pelo acidente de trânsito, o prazo prescricional trienal deve ser aplicado, especialmente porque a segu radora age na qualidade de sub-rogada dos direitos de seu segurado.

Resta incontroverso nos autos que a seguradora desembolsou a quantia de R$ 16.567,00 [...] para o pagamento de indenização securitária em favor do segurado, que teve seu veículo abalroado pelo veículo ao Apelado em 24/06/2008 (fls. 37/40), o qual não foi recuperado. In casu, como a seguradora indenizou o segurado em 30/11/2009 (fls. 45/47), a partir daí teve início prazo prescricional de um triênio. Como a presente ação foi proposta em 31/08/2012, não se vislumbra a consumação do lapso temporal previsto no artigo 206, parágrafo 3º,V, do Código Civil.

Outrossim, esse entendimento está em harmonia com a jurisprudência desta Corte Superior, que também entende que o início da fluência do prazo prescricional é a data do efetivo pagamento da indenização securitária (pela seguradora), ou seja, a seguradora tem o mesmo prazo prescricional a que teria direito o segurado. Nessa linha:

AGRAVO REGIMENTAL EM RECURSO ESPECIAL. TRANSPORTE AÉREO DE MERCADORIA. EXTRAVIO. LEGITIMIDADE ATIVA DA SEGURADORA. SUB-ROGAÇÃO. PRAZO PRESCRICIONAL. INDENIZAÇÃO AMPLA.

1. A seguradora, ao ressarcir a sua segurada pelos prejuízos decorrentes de extravio de mercadoria, sub-roga-se nos direitos dessa, podendo ajuizar ação contra a empresa responsável pelo transporte aéreo. Precedentes.

2. A sub-rogação não restringe os direitos sub-rogados (art. 988 do CC/1916), de modo que o prazo prescricional a ser aplicado deve ser o mesmo previsto para a segurada.

[...]

AGRAVO REGIMENTAL A QUE SE NEGA PROVIMENTO. (AgRg no REsp 773.250/RJ, Rel. Ministro LUIS FELIPE SALOMÃO, QUARTA TURMA, julgado em 19/08/2010, DJe 28/09/2010)

AGRAVO REGIMENTAL NO RECURSO ESPECIAL. TRANSPORTE MARÍTIMO DE MERCADORIA. SEGURADORA. COBRANÇA. PRESCRIÇÃO CIVIL. AUSÊNCIA DE RELAÇÃO DE CONSUMO.

1. Esta Corte já firmou entendimento de que, ao efetuar o pagamento da indenização ao segurado em decorrência de danos causados por terceiro, a seguradora sub-roga-se nos direitos daquele, podendo, dentro do prazo prescricional aplicável à relação jurídica originária, buscar o ressarcimento do que despendeu, nos mesmos termos e limites que assistiam ao segurado.

[...]

3. Agravo regimental não provido.

(AgRg no REsp 1169418/RJ, Rel. Ministro RICARDO VILLAS BÔAS CUEVA, TERCEIRA TURMA, julgado em 06/02/2014, DJe 14/02/2014)

AGRAVO REGIMENTAL. AÇÃO REGRESSIVA. SEGURADORA CONTRA O CAUSADOR DO DANO. SUB-ROGAÇÃO NOS DIREITOS DO SEGURADO. PRAZO DE PRESCRIÇÃO.

1.- Ao efetuar o pagamento da indenização ao segurado em decorrência de danos causados por terceiro, a seguradora sub-roga-se nos direitos daquele, podendo, dentro do prazo prescricional aplicável à relação jurídica originária, buscar o ressarcimento do que despendeu, nos mesmos termos e limites que assistiam ao segurado.

2.- No presente caso, verifica-se que o prazo de que dispunha o segurado para propor a ação reparatória contra o responsável pelos vícios na construção era de 20 (vinte) anos, na vigência do Código Civil de 1916 (art. 177), e de 3 (três) anos, em consonância com o novo Código (art. 206, § 3º, V), por se tratar a pretensão de reparação civil.

3.- Pela regra de transição inserta no art. 2.028 do Código de 2002, "serão os da lei anterior os prazos, quando reduzidos por este Código, e se, na data de sua entrada em vigor, já houver transcorrido mais da metade do tempo estabelecido na lei revogada".

4.- Conforme se infere do Acórdão recorrido, a seguradora foi comunicada do sinistro no imóvel adquirido pelo segurado em 14.1.2000. Desse modo, do início da contagem do prazo trienal, 11.1.2003 - data da entrada em vigor do novo Código Civil -, até a data da propositura da ação, em 2.1.2006, ainda não havia transcorrido o lapso prescricional trienal, o que se deu apenas em 11.1.2006, ou seja, três anos após a vigência do novo Código Civil.

5.- Agravo Regimental improvido. (AgRg no REsp 1121435/SP, Rel. Ministro SIDNEI BENETI, TERCEIRA TURMA, julgado em 13/03/2012, DJe 29/03/2012)

DIREITO CIVIL. RECURSO ESPECIAL. SEGURO DE TRANSPORTE DE

MERCADORIA. FATOS OCORRIDOS ANTES DA VIGÊNCIA DO CÓDIGO CIVIL DE 2002, QUE PASSOU A REGULAR O TRANSPORTE DE PESSOAS E COISAS. SINISTRO. INDENIZAÇÃO. SUB-ROGAÇÃO. SEGURADORA ASSUME A POSIÇÃO DA SEGURADA. RELAÇÃO MERCANTIL. INAPLICABILIDADE DAS REGRAS DO CDC.

1. A seguradora, arcando com a indenização securitária, está sub-rogada nos direitos de sua segurada, podendo, dentro do prazo prescricional aplicável à relação jurídica entabulada por esta, buscar o ressarcimento do que despendeu, nos mesmos termos e limites que assistiam à segurada.

[...]

4. Recurso especial não conhecido.

(REsp 982.492/SP, Rel. Ministro LUIS FELIPE SALOMÃO, QUARTA TURMA, julgado em 27/09/2011, DJe 17/10/2011)

CONTRATO DE TRANSPORTE DE MERCADORIA. DESVIO DA CARGA. INDENIZAÇÃO AÇÃO REGRESSIVA. SEGURADORA. SUBROGAÇÃO. PRESCRIÇÃO. TERMO INICIAL. APLICAÇÃO DO DECRETO 2.681/1912. VIGENTE À ÉPOCA DOS FATOS. PRECEDENTES DO STF. PROTESTO INTERRUPTIVO. INCIDÊNCIA DO ARTIGO 171, I E II DO CÓDIGO CIVIL. PRECEDENTES DESTE STJ. RECURSO ESPECIAL PROVIDO.

1. A Seguradora, ao efetuar o pagamento da indenização decorrente do prejuízo advindo pelo desvio da carga, ocorrido por culpa da transportadora, sub-rogou-se nos direitos da segurada em se ressarcir dos valores, acrescidos de juros e correção monetária. A Seguradora assume o lugar de sua cliente, pois honrou integralmente com o pagamento da indenização devida. Nestes termos, recebe os mesmos direitos e deveres da sub-rogada, nos limites da sub-rogação.

2. Em regra, para os contratos de transporte, aplica-se o Código Civil e o CDC; e no que não for incompatível ou houver lacuna, a legislação especial. Quando se tratar de transporte de carga, deverá se averiguar a existência de relação de consumo. Se ausente a relação consumerista, afasta-se o CDC e aplica-se as regras não revogadas do Código Comercial, as gerais do C. Civil e a legislação específica.

3. Nos termos da jurisprudência sumulada do STF (Súmula 151), é de 1 (um) ano o prazo para ação do segurador sub-rogado requerer da transportadora o ressarcimento pela perda da carga. Na esteira de precedentes da Suprema Corte, "a lei sobre transporte por estrada de ferro é aplicável ao transporte rodoviário".

4. Possui natureza comercial o contrato de transporte de mercadoria firmado entre o transportador e o profissional da indústria e do comércio, como serviço agregado à

> atividade principal. Na hipótese dos autos, sendo de 1 (um) ano o prazo para a seguradora sub-rogada, a prescrição tem início, em caso de furto ou perda da mercadoria transportada, a partir do trigésimo dia em que esta deveria ter sido entregue, nos termos do artigo 9° do Decreto-lei 2.618/1912.
>
> 5. O Superior Tribunal de Justiça firmou entendimento no sentido de que, em se tratando de protesto interruptivo, a prescrição se interrompe pela intimação da pessoa contra quem a medida for requerida. Aplicação do artigo 171, I E II do Código Civil.
>
> 6. Recurso especial a que se dá provimento para afastar a prescrição, determinando o retorno dos autos à instância de origem, a fim de que julgue o mérito da ação indenizatória, como entender de direito. (REsp 705.148/PR, Rel. Ministro LUIS FELIPE SALOMÃO, QUARTA TURMA, julgado em 05/10/2010, DJe 01/03/2011)
>
> Incidência, pois, da Súmula 83 deste Tribunal, que veda o conhecimento de recurso especial quando o acórdão recorrido se encontra em harmonia com a orientação firmada nesta Corte Superior.
>
> 4. Ante o exposto, nego provimento ao agravo.

3. Ante o exposto, nego provimento ao agravo regimental.

CERTIDÃO DE JULGAMENTO QUARTA TURMA

Número Registro: 2014/0253996-7

PROCESSO ELETRÔNICO

AgRg no AREsp 598.619 / SP

Números Origem: 01861333020128260100 01886133302012826010 1861333020128260100 1886133302012826010 356891 5830020121861339

EM MESA JULGADO: 05/02/2015

Relator
Exmo. Sr. Ministro **LUIS FELIPE SALOMÃO**

Presidente da Sessão
Exmo. Sr. Ministro RAUL ARAÚJO

Subprocurador-Geral da República
Exmo. Sr. Dr. DURVAL TADEU GUIMARÃES

Secretária
Bela. TERESA HELENA DA ROCHA BASEVI

AUTUAÇÃO

AGRAVANTE: DANIEL JUN KUWATOMI TAKEMATSU

ADVOGADO: LUIZ BELLOTTI GIMENEZ E OUTRO(S)

AGRAVADO: PORTO SEGURO COMPANHIA DE SEGUROS GERAIS

ADVOGADO: JOSÉ CARLOS VAN CLEEF DE ALMEIDA SANTOS E OUTRO(S)

ASSUNTO: DIREITO CIVIL - Obrigações - Espécies de Contratos - Seguro

AGRAVO REGIMENTAL

AGRAVANTE: DANIEL JUN KUWATOMI TAKEMATSU

ADVOGADO: LUIZ BELLOTTI GIMENEZ E OUTRO(S)

AGRAVADO: PORTO SEGURO COMPANHIA DE SEGUROS GERAIS

ADVOGADO: JOSÉ CARLOS VAN CLEEF DE ALMEIDA SANTOS E OUTRO(S)

CERTIDÃO

Certifico que a egrégia QUARTA TURMA, ao apreciar o processo em epígrafe na sessão realizada nesta data, proferiu a seguinte decisão:

A Quarta Turma, por unanimidade, negou provimento ao agravo regimental, nos termos do voto do Sr. Ministro Relator.

Os Srs. Ministros Raul Araújo (Presidente), Maria Isabel Gallotti, Antonio Carlos Ferreira e Marco Buzzi votaram com o Sr. Ministro Relator.

RECURSO ESPECIAL Nº 1.505.256 - SP (2012/0164191-3)

RELATOR: MINISTRO JOÃO OTÁVIO DE NORONHA

RECORRENTE: RODRIMAR S/A TRANSPORTES EQUIPAMENTOS INDUSTRIAIS E ARMAZÉNS GERAIS

ADVOGADO: JOSÉ ALBERTO CLEMENTE JUNIOR E OUTRO(S)

RECORRIDO: MITSUI SUMITOMO SEGUROS S/A

ADVOGADO: MÁRCIO ROBERTO GOTAS MOREIRA E OUTRO(S)

EMENTA

RECURSO ESPECIAL. TRANSPORTE MARÍTIMO. ARMAZENAGEM DE MERCADORIA. AÇÃO REGRESSIVA DE COBRANÇA DE SEGURADO CONTRA SEGURADORA. PRESCRIÇÃO. TERMO INICIAL. SUB-ROGAÇÃO. LIMITES.

1. Ao efetuar o pagamento da indenização ao segurado em decorrência de danos causados por terceiro, a seguradora sub-roga-se nos direitos daquele, mas nos limites desses direitos, ou seja, a

"sub-rogação não transfere à seguradora mais direitos do que aqueles que a segurada detinha no momento do pagamento da indenização" (REsp n. 1.385.142). Portanto, dentro do prazo prescricional aplicável à relação jurídica originária, a seguradora sub-rogada pode buscar o ressarcimento do que despendeu com a indenização securitária.

2. Recurso especial conhecido e provido.

ACÓRDÃO

Vistos, relatados e discutidos estes autos em que são partes as acima indicadas, acordam os Ministros da TERCEIRA TURMA do Superior Tribunal de Justiça, na conformidade dos votos e das notas taquigráficas a seguir, por unanimidade, conhecer do recurso especial e dar-lhe provimento, nos termos do voto do Sr. Ministro Relator. Os Srs. Ministros Paulo de Tarso Sanseverino, Ricardo Villas Bôas Cueva, Marco Aurélio Bellizze e Moura Ribeiro votaram com o Sr. Ministro Relator.

Brasília (DF), 05 de maio de 2016
(Data do Julgamento)

MINISTRO JOÃO OTÁVIO DE NORONHA

Relator

RECURSO ESPECIAL Nº 1.505.256 - SP (2012/0164191-3)

RELATOR: MINISTRO JOÃO OTÁVIO DE NORONHA

RECORRENTE: RODRIMAR S/A TRANSPORTES EQUIPAMENTOS INDUSTRIAIS E ARMAZÉNS GERAIS

ADVOGADO: JOSÉ ALBERTO CLEMENTE JUNIOR E OUTRO(S)

RECORRIDO: MITSUI SUMITOMO SEGUROS S/A

ADVOGADO: MÁRCIO ROBERTO GOTAS MOREIRA E OUTRO(S)

RELATÓRIO

O EXMO. SR. MINISTRO JOÃO OTÁVIO DE NORONHA:

Tratam os autos de ação regressiva de cobrança ajuizada por **Mitsui Sumitomo Seguros S/A** contra a ora recorrente, objetivando receber a importância despendida com a indenização securitária em favor de **Toyo Engineering Corporation/Nova Transportadora do Sudeste S/A**.

Sustenta que, por contrato de seguro firmado, a última empresa tinha por objeto o transporte internacional de mercadorias desde o embarque no porto de Gênova, na Itália, até o descarregamento no estabelecimento indicado pelo segurado. Contudo, estando a recorrente encarregada do transporte do porto de Santos até a nacionalização das mercadorias, deixou que fossem avariadas em razão do acidente com o veículo transportador do contêiner.

Em razão desse sinistro, a seguradora indenizou a segurada em R$ 652.447,01, valor objeto do feito regressivo.

Na sentença, acolheu-se a preliminar de prescrição arguida pela ré, julgando-se extinta a ação com julgamento de mérito, com fundamento no art. 11, § 1°, do Decreto n. 1.102/1903.

Levada a questão ao Tribunal de Justiça do Estado de São Paulo, a apelação da ora recorrida foi provida para se afastar a prescrição e determinar o prosseguimento do feito, que exige a realização de provas.

O acórdão foi assim ementado:

> "PRESCRIÇÃO – Responsabilidade Civil – Contrato de Seguro – Ação regressiva – Sinistro ocorrido no percurso entre o navio e o armazém alfandegário – Prescrição incidente no caso que é aquela prevista no Decreto 1.102/1903, que apenas rege o

> funcionamento dos armazéns gerais – Extinção afastada. Impossibilidade, contudo, de se julgar a causa neste momento (CPC. 515, § 3º), em face de haver pleito de produção de provas e de denunciação da lide não apreciados, o que poderia gerar cerceamento de defesa ou supressão de instância – Apelo provido para afastar o decreto de prescrição, retornando os autos ao primeiro grau para regular instrução."

No recurso especial, **Rodrimar S/A Transportes, Equipamentos Industriais e Armazéns Gerais** aduz violação do art. 535, I e II, do Código de Processo Civil, afirmando que houve, inclusive, potencial ofensa às disposições dos arts. 282, III, e 128 do mesmo código.

Depois, buscando fazer prevalecer as disposições do Decreto n. 1.102/1903, para que a prescrição seja computada no período de três meses ali previsto, cita divergência de entendimento jurisprudencial com o REsp n. 476.458/SP, da relatoria da Ministra Nancy Andrighi.

O recurso veio a esta Corte em razão do provimento do AREsp n. 213.990/SP.

É o relatório.

RECURSO ESPECIAL Nº 1.505.256 - SP (2012/0164191-3)

EMENTA

RECURSO ESPECIAL. TRANSPORTE MARÍTIMO. ARMAZENAGEM DE MERCADORIA. AÇÃO REGRESSIVA DE COBRANÇA DE SEGURADO CONTRA SEGURADORA. PRESCRIÇÃO. TERMO INICIAL. SUB-ROGAÇÃO. LIMITES.

1. Ao efetuar o pagamento da indenização ao segurado em decorrência de danos causados por terceiro, a seguradora sub-roga-se nos direitos daquele, mas nos limites desses direitos, ou seja, a "sub-rogação não transfere à seguradora mais direitos do que aqueles que a segurada detinha no momento do pagamento da indenização" (REsp n. 1.385.142).

Portanto, dentro do prazo prescricional aplicável à relação jurídica originária, a seguradora sub-rogada pode buscar o ressarcimento do que despendeu com a indenização securitária.

2. Recurso especial conhecido e provido.

VOTO

O EXMO. SR. MINISTRO JOÃO OTÁVIO DE NORONHA (Relator):

I - Negativa de prestação jurisdicional

Nada obstante a extensiva defesa da recorrente para demonstrar eventuais vícios no acórdão recorrido, na verdade, não há falar em violação dos arts. 535, I e II, e 128 do CPC.

Com efeito, foram decididas todas as questões relevantes submetidas a apreciação e julgamento, embora não na forma almejada pela agravante. Portanto, não há omissão, contradição e obscuridade a serem sanadas.

II - Prescrição

Dois foram os fundamentos adotados pelo voto condutor do acórdão recorrido para concluir que não houve prescrição da pretensão formulada pela ora recorrida: 1) a sub-rogação da seguradora nos direitos do segurado, que ocorre quando há o efetivo pagamento da indenização pelo sinistro; 2) o prazo prescricional referente à ação de regresso da seguradora em desfavor do responsável pelo sinistro é de 3 anos, nos termos do art. 206, § 3º, V, do Código Civil.

a) Termo inicial do prazo prescricional

Conforme se depreende do acórdão recorrido, adotou-se como marco inicial para o cômputo do prazo prescricional a data em que foi efetuado o pagamento do capital do segurado, visto que é a partir desse momento que a seguradora sub-rogou-se nos direitos daquele.

No acórdão recorrido, encontra-se a seguinte informação sobre o termo inicial do prazo:

> "Não é demais mencionar que, salvo melhor juízo, o termo a quo para o cômputo do referido prazo é a data do pagamento da indenização pela seguradora ao seu segurado, momento em que nasce, para ela, o direito de sub-rogar-se em todos os direitos daquele e haver os valores que despendeu por culpa de terceiro.
>
> E, tendo referido pagamento ocorrido em 04.12.2008, é inconteste que a ação ajuizada no dia 17.03.2009, não se encontra prescrita" (e-STJ, 381).

Com efeito, o pressuposto lógico do direito de regresso é o pagamento dos valores ao segurado. É esse, aliás, o entendimento firmado Terceira Turma do STJ no julgamento do REsp n. 949.434/MT, da relatoria da Ministra Nancy Andrighi, DJe de 10.06.2010. Nesse julgado, esclareceu a relatora que o prazo prescricional subordina-se ao princípio da *actio nata*, ou seja, tem início na data em que a credora pode demandar judicialmente a satisfação do direito. Assim, antes que exista uma pretensão exercitável, não pode correr a prescrição.

b) Prescrição trimestral

Indicando divergência de entendimentos com o REsp n. 476.458/SP (relator Ministra Nancy Andrighi), o REsp n. 302.737/SP (relator Ministro Ruy Rosado de Aguiar) e o AgRg no REsp n. 797.733/RJ (relatora Ministra Maria Isabel Gallotti), busca a recorrente defender a tese de que, tratando-se de ação proposta em desfavor de Armazéns Gerais, prevalece o princípio da especialidade, de forma que o prazo prescricional deve ser o previsto no art. 11 do Decreto n. 1.102/1903.

Os paradigmas citados pela recorrente como de entendimento divergente neste Tribunal concluíram pela aplicação da prescrição em três meses nas hipóteses de danos sofridos e de mercadoria depositadas em armazéns gerais.

O recurso especial merece provimento nesta parte.

O STJ entende que a seguradora que está sub-rogada nos direitos da parte segurada pode buscar o ressarcimento do que despendeu, **mas, nos mesmos termos em que seria lícito à segurada fazê-lo**. A respeito dessa questão, confiram-se estes precedentes:

> "AGRAVO REGIMENTAL NO RECURSO ESPECIAL. TRANSPORTE MARÍTIMO DE MERCADORIA.

SEGURADORA. COBRANÇA. PRESCRIÇÃO CIVIL. AUSÊNCIA DE RELAÇÃO DE CONSUMO.

1. Esta Corte já firmou entendimento de que, ao efetuar o pagamento da indenização ao segurado em decorrência de danos causados por terceiro, a seguradora sub-roga-se nos direitos daquele, podendo, dentro do prazo prescricional aplicável à relação jurídica originária, buscar o ressarcimento do que despendeu, nos mesmos termos e limites que assistiam ao segurado.

2. No caso de não se averiguar a relação de consumo no contrato de transporte firmado, já decidiu esta Corte Superior que é de 1 (um) ano o prazo prescricional para propositura de ação de segurador sub-rogado requerer da transportadora o ressarcimento pela perda da carga. Precedentes.

3. Agravo regimental não provido." (AgRg no REsp n. 1.169.418/RJ, relator Ministro Ricardo Villas Bôas Cueva, DJe de 14.2.2014.)

"DIREITO CIVIL. RECURSO ESPECIAL. SEGURO DE TRANSPORTE DE MERCADORIA. FATOS OCORRIDOS ANTES DA VIGÊNCIA DO CÓDIGO CIVIL DE 2002, QUE PASSOU A REGULAR O TRANSPORTE DE PESSOAS E COISAS. SINISTRO. INDENIZAÇÃO. SUB-ROGAÇÃO. SEGURADORA ASSUME A POSIÇÃO DA SEGURADA. RELAÇÃO MERCANTIL.

INAPLICABILIDADE DAS REGRAS DO CDC.

1. A seguradora, arcando com a indenização securitária, está sub-rogada nos direitos de sua segurada, podendo, dentro do prazo prescricional aplicável à relação jurídica entabulada por esta, buscar o ressarcimento do que despendeu, nos mesmos termos e limites que assistiam à segurada.

2. No entanto, a relação jurídica existente entre a segurada e a transportadora ostenta nítido caráter mercantil, não podendo, em regra, ser aplicada as normas inerentes às relações de consumo, pois, segundo apurado pela instância ordinária, "o segurado utilizou a prestação de serviço da ré transportadora como insumo dentro do processo de transformação, comercialização ou na prestação de serviços a terceiros; não se coadunando, portanto, com o conceito de consumidor propriamente dito, mas sim pretendendo a exploração da atividade econômica visando a obtenção do lucro".

3. O Código Civil de 2002 regula o contrato de transporte de pessoas e coisas nos artigos 730 a 756. No entanto, a referida relação jurídica era anteriormente regulada pelo Decreto-Lei 2.681/1912, aplicando-se a prescrição ânua, conforme dispunha o art 9º do mencionado Diploma. Precedentes do STF e desta Corte.

> 4. Recurso especial não conhecido." (REsp n. 982.492/SP, relator Ministro Luis Felipe Salomão, Quarta Turma, DJe de 17/10/2011, sem destaque no original.)

Assim, estabelecido que o prazo prescricional garantido à seguradora sub-rogada é o mesmo aplicável à relação jurídica originária, encontra-se na sentença a definição dessa relação havida entre o segurado e o ora recorrido, tendo-se concluído que a atividade é típica de "armazém geral". Observe-se:

> "Nesse prisma, basta mera leitura da petição inicial para verificar que a ré prestou à segurada da autora serviços de guarda e conservação de mercadorias importadas, atividade típica de 'armazém geral', conforme definição contida no artigo 1°, caput, do Decreto n. 1.102/1903, nela abrangida aquela exercida pelos armazéns gerais alfandegados, como é o presente caso, nos moldes dos artigos 37 e seguintes da Lei 5.025/66" (e-STJ, fl. 320).

O acórdão recorrido, por sua vez, deu uma configuração distinta o caso ao entender que o decreto em questão não se aplica à espécie porquanto o sinistro ocorreu enquanto a mercadoria avariada estava sendo transportada, tendo a recorrente sido contratada para o fim de prestar esse serviço de transporte:

> "Logo, independentemente da afirmação de que teria sido revogado pelo artigo 1.807 do Código Civil de 1916 [referia-se ao art. 11 do Decreto 1.102/1903, só é aplicável aos armazéns gerais, não alcançando o acidente ocorrido no trajeto entre o navio e o armazém, causando por empresa contratada pela ré para prestar o referido serviço. Assim, de rigor a aplicação da legislação de cunho geral que trata da responsabilidade civil (código civil) e não da legislação especial que regular os sinistros oriundos da guarda e armazenagem de mercadoria em porte alfandegária, já que as mercadorias avariadas sequer haviam chegado ao referido destino" (e-STJ, fl. 380).

Contudo, a questão pode ser dirimida na petição inicial na qual a própria seguradora afirmou que o acidente ocorreu nas dependências da armazenadora. Veja-se:

> "Dessa forma, todas as mercadorias da segurada, que encontravam-se sob a responsabilidade da Empresa Ré, quando ocorreu o tombamento dentro de seu estabelecimento (doc. 5)" (e-STJ, fl. 5).

Cabe observar ainda que, segundo consta da inicial, a armazenadora foi quem efetuou o transporte da mercadoria do porto de Santos até suas dependências.

Portanto, correta a sentença ao aplicar o prazo prescricional previsto no art. 11 do Decreto n. 1.102/1903 à hipótese dos autos, porquanto essa é a lei que seria aplicável à espécie caso a ação tivesse sido proposta pela segurada e pela ora recorrente.

Tendo sido consignado que o pagamento da indenização pela seguradora ocorreu no dia 4.12.2008, quando efetivamente se sub-rogou nos direitos da segurada, o presente feito, proposto no dia 17.3.2009, está acobertado pela prescrição.

III - Conclusão

Ante o exposto, **conheço do recurso especial e dou-lhe provimento para reconhecer o advento da prescrição.**

Sucumbência como fixada na sentença.

É como voto.

Documento:

CERTIDÃO DE JULGAMENTO
QUARTA TURMA

Número Registro: 2012/0164191-3

PROCESSO ELETRÔNICO **REsp 1.505.256 / SP**

Números Origem: 00074573720098260562

PAUTA: 05/05/2016 JULGADO: 05/05/2016

Relator
Exmo. Sr. Ministro **JOÃO OTÁVIO DE NORONHA**

Presidente da Sessão
Exmo. Sr. Ministro JOÃO OTÁVIO DE NORONHA

Subprocuradora-Geral da República
Exma. Sra. Dra. LINDÔRA MARIA ARAÚJO

Secretária
Bela. MARIA AUXILIADORA RAMALHO DA ROCHA

AUTUAÇÃO

RECORRENTE: RODRIMAR S/A TRANSPORTES EQUIPAMENTOS INDUSTRIAIS E ARMAZÉNS GERAIS

ADVOGADO: JOSÉ ALBERTO CLEMENTE JUNIOR E OUTRO(S)

RECORRIDO: MITSUI SUMITOMO SEGUROS S/A

ADVOGADO: MÁRCIO ROBERTO GOTAS MOREIRA E OUTRO(S)

ASSUNTO: DIREITO CIVIL - Obrigações - Espécies de Contratos - Transporte de Coisas

CERTIDÃO

Certifico que a egrégia TERCEIRA TURMA, ao apreciar o processo em epígrafe na sessão realizada nesta data, proferiu a seguinte decisão:

A Terceira Turma, por unanimidade, conheceu do recurso especial e deu-lhe provimento, nos termos do voto do Sr. Ministro Relator.

Os Srs. Ministros Paulo de Tarso Sanseverino, Ricardo Villas Bôas Cueva, Marco Aurélio Bellizze e Moura Ribeiro votaram com o Sr. Ministro Relator.

RECURSO ESPECIAL Nº 1.297.362 - SP (2011/0294875-7)

RELATOR: MINISTRO RICARDO VILLAS BÔAS CUEVA

RECORRENTE: HAMBURG SUDAMERKANISCHE DAMPFSCHIFFAHRTS

ADVOGADOS: OSVALDO SAMMARCO E OUTRO(S) - SP023067
MARCUS SAMMARCO E OUTRO(S) - SP139612

RECORRIDO: UNIBANCO AGI SEGUROS S/A

ADVOGADO: MÁRCIO ROBERTO GOTAS MOREIRA E OUTRO(S) - SP178051

INTERES.: ATRADE FORWARDING CORP

REPR. POR: ATRADE CARGO DO BRASIL LTDA

EMENTA

RECURSO ESPECIAL. JUÍZO DE RETRATAÇÃO. RECURSO. NÃO CABIMENTO. TRANSPORTE MARÍTIMO DE MERCADORIA. PERDA TOTAL DO BEM SEGURADO. CULPA DO TRANSPORTADOR. AÇÃO DE REGRESSO. SEGURADORA. PRAZO PRESCRICIONAL ANUAL. SÚMULA Nº 151/STF. AUSÊNCIA DE

RELAÇÃO DE CONSUMO. TERMO INICIAL. PAGAMENTO DA INDENIZAÇÃO.

1. Apresenta-se desprovido de conteúdo decisório e, assim, insusceptível de causar gravame às partes, o ato que, em juízo de retratação, reconsidera anterior pronunciamento e determina inclusão do feito em pauta, não autorizando, por conseguinte, a interposição de nenhum recurso.

2. Discute-se nos autos, em essência, o termo inicial do prazo prescricional para que a seguradora, em ação regressiva, pleiteie o ressarcimento do valor pago ao segurado por danos causados à mercadoria no decorrer do transporte marítimo.

3. Ao efetuar o pagamento da indenização ao segurado em razão de danos causados por terceiros, a seguradora sub-roga-se nos direitos daquele, podendo, dentro do prazo prescricional aplicável à relação jurídica originária, buscar o ressarcimento do que despendeu, nos mesmos termos e limites que assistiam ao segurado.

4. No caso de não se averiguar a relação de consumo, observa-se o prazo prescricional de 1 (um) ano para propositura de ação de segurador sub-rogado requerer do transportador marítimo o ressarcimento por danos causados à carga, nos termos da Súmula nº 151/STF e do art. 8º, *caput*, do Decreto-Lei nº 116/1967.

5. O termo inicial do prazo prescricional para seguradora sub-rogada propor ação de regresso é a data do pagamento integral da indenização ao segurado. Precedentes.

6. Embargos de declaração de fls. 731/736 não conhecidos. Recurso especial conhecido e não provido.

ACÓRDÃO

Vistos e relatados estes autos, em que são partes as acima indicadas, prosseguindo no julgamento, após o voto-vista do Sr. Ministro Paulo de Tarso Sanseverino, decide a Terceira Turma, por unanimidade, negar provimento ao recurso especial, nos termos do voto do Sr. Ministro Relator. Vencido quanto a fundamentação o Sr. Ministro Marco Aurélio Bellizze (Presidente). Participaram do julgamentos os Srs. Ministros Paulo de Tarso Sanseverino, Ricardo Villas Bôas Cueva, Marco Aurélio Bellizze e Moura Ribeiro.

Brasília (DF), 10 de novembro de 2016
(Data do Julgamento)

Ministro RICARDO VILLAS BÔAS CUEVA -
Relator

RECURSO ESPECIAL Nº 1.297.362 - SP (2011/0294875-7)

RELATÓRIO

O EXMO. SR. MINISTRO RICARDO VILLAS BÔAS CUEVA (Relator):

Trata-se de recurso especial interposto por HAMBURG SÜDAMERIKANISCHE DAMPFSCHIFFAHRTS, com fundamento no art. 105, inciso III, alíneas "a" e "c", da Constituição Federal, contra acórdão do Tribunal de Justiça do Estado de São Paulo assim ementado:

> *"RESPONSABILIDADE - CIVIL - Ação regressiva da seguradora - Transporte marítimo internacional - Hipótese de perda da carga, por equívoco no ajuste da temperatura do container devidamente comprovado por vistoria - culpa grave e exposição ao risco pelas transportadoras - Obrigação de indenizar caracterizada - Responsabilidade solidária - Pedido procedente - Recurso de apelação e agravo retido improvido"* (fl. 1.023).

A recorrente alega violação do art. 8º do Decreto-Lei nº 116/1967 ao argumento de que a prescrição a ser considerada no caso é a anual, a ser contada do desembarque da mercadoria no Porto de Santos. Aduz que a aplicação do prazo quinquenal previsto no art.

27 do Código de Defesa do Consumidor - CDC viola as disposições específicas sobre o transporte marítimo.

Sustenta a existência de divergência jurisprudencial no tocante ao acórdão proferido pelo Tribunal de Justiça do Estado do Rio de Janeiro nos autos da Apelação Cível nº 0094803-89.2008.8.19.0001, Rel. Desembargador Marco Aurélio Bezerra de Melo, DJ de 26/1/2010.

Oferecidas as contrarrazões, o recurso foi admitido na origem.

Às fls. 700/701, negou-se seguimento ao recurso especial.

Ao examinar o agravo regimental interposto, em juízo de retratação, a decisão agravada foi reconsiderada para futura inclusão em pauta (fls. 726/728).

A ora recorrida opôs embargos de declaração (fls. 731/736).

É o relatório.

RECURSO ESPECIAL Nº 1.297.362 - SP (2011/0294875-7)

VOTO

O EXMO. SR. MINISTRO RICARDO VILLAS BÔAS CUEVA (Relator):

1. Da origem

Para melhor compreensão da controvérsia, apresenta-se pertinente tecer breve histórico da demanda.

Os autos revelam que UNIBANCO AIG SEGUROS S.A. propôs a presente ação regressiva de ressarcimento contra ATRADE FORWARDIN CORP. e a ora recorrente, HAMBURG SÜDAMERIKANISCHE DAMPFSCHIFFAHRTS, em que, na condição de seguradora, alegou ser credora, por sub-rogação, da indenização paga à Empresa Brasileira de Aeronáutica S.A. - EMBRAER - em razão de perda total da carga transportada pelas rés (peças de aeronaves) entre os Portos de Miami, localizado nos Estados Unidos da América, e de Santos/SP, porquanto foi acondicionada sem a observância da temperatura contratada de -18°C (dezoito graus centígrados negativos).

A sentença julgou procedente o pedido para condenar as rés solidariamente ao pagamento da importância de R$ 162.004,29 (cento e sessenta e dois mil e quatro reais e vinte e nove centavos), atualizados desde a data do pagamento da indenização, acrescidos de juros de mora de 1% (um por cento) ao mês a partir da citação. A verba honorária foi fixada no percentual de 15% (quinze por cento) sobre o valor da condenação (fls. 558/568).

O Tribunal de Justiça do Estado de São Paulo negou provimento aos recursos de apelação interpostos pelas rés. Rejeitou a preliminar de prescrição, ventilada no agravo retido, e assentou ser devido o ressarcimento, porquanto a vistoria "*constatou que a perda da carga se deu por equívoco no ajuste da temperatura dos containeres (18 graus, aos invés de 18 graus negativos)*" (fl. 641).

2. Dos embargos de declaração opostos contra o ato que reconsiderou decisão e determinou a inclusão do feito em pauta

De início, constitui ato desprovido de conteúdo decisório e, assim, insusceptível de causar gravame às partes, o pronunciamento que, em juízo de retratação, reconsidera anterior decisão e determina inclusão do feito em pauta, não autorizando, por conseguinte, a interposição de nenhum recurso.

Embora cuidem de agravo regimental e de pedido de reconsideração, e não de embargos de declaração, os seguintes julgados corroboram a compreensão exposta: Pet no REsp 1.280.261/MG, Rel. Ministro

João Otávio de Noronha, Terceira Turma, julgado em 18/3/2014, DJe de 4/4/2014; AgRg no AgRg no REsp 887.243/DF, Rel. Ministro Humberto Gomes de Barros, Terceira Turma, julgado em 18/10/2007, DJ de 6/11/2007, e AgRg no AgRg no REsp 1.088.970/RS, Rel. Ministro Herman Benjamin, Segunda Turma, julgado em 13/10/2009, DJe de 4/11/2009.

Desse modo, não se conhece dos embargos de declaração de fls. 731/736.

3. Do mérito

Discute-se nos autos, em essência, o termo inicial de observância do prazo prescricional para que a seguradora, em ação regressiva, pleiteie o ressarcimento do valor pago ao segurado por danos causados à mercadoria em transporte marítimo.

Segundo a recorrente, deveria ser observada da data do término da descarga do navio transportador, qual seja, 19/12/2004, de modo que já teria ocorrido integralmente o prazo prescricional de 1 (um) ano em 29/12/2005, data em que proposta a presente ação regressiva. Aponta divergência jurisprudencial quanto ao acórdão proferido pelo Tribunal de Justiça do Estado do Rio de Janeiro nos autos da Apelação Cível nº 0094803-89.2008.8.19.0001, Rel. Desembargador Marco Aurélio Bezerra de Melo, DJ de 26/1/2010, que ostenta a seguinte ementa:

> *"DIREITO MARÍTIMO. CONTRATO DE TRANSPORTE MARÍTIMO ENTRE PESSOAS JURÍDICAS EXERCENTES DE ATIVIDADE EMPRESARIAL DE LUCRO. MERCADORIAS AVARIADAS E AMASSADAS. INDENIZAÇÃO. AÇÃO REGRESSIVA INTENTADA PELA SEGURADORA. PRESCRIÇÃO ANUAL CONFIGURADA. APLICAÇÃO DO ART. 80 DO DECRETO LEI 116/67. NÃO INCIDÊNCIA DO CÓDIGO DE PROTEÇÃO E DEFESA DO CONSUMIDOR. INEXISTÊNCIA DE VULNERABILIDADE TÉCNICA A JUSTIFICAR PROTEÇÃO ESPECIAL. HONORÁRIOS DE SUCUMBÊNCIA CORRETAMENTE FIXADOS. SENTENÇA MANTIDA. RECURSOS DESPROVIDOS"* (fl. 662).

Como se sabe, constitui obrigação do transportador entregar as cargas confiadas contratualmente em perfeitas condições. Caso não o faça, caracterizada está a sua responsabilidade pelo contrato inadimplido.

Em se tratando de transportes, é comum a contratação de seguro destinado a proteger o interessado pelo risco inerente ao deslocamento das mercadorias.

Nessa espécie de contrato, o segurador assume a responsabilidade pelas consequências do risco mediante o pagamento do prêmio, que corresponde à contraprestação do segurado.

Preceitua o art. 757 do Código Civil de 2002: *"Pelo contrato de seguro, o segurador se obriga, mediante o pagamento do prêmio, a garantir interesse legítimo do segurado, relativo a pessoa ou a coisa, contra riscos predeterminados"*.

Sobre o tema, colhe-se a doutrina de Pedro Alvim (O Contrato de Seguro. 3 ed. Rio de Janeiro: Forense, 2001, pág. 114):

> "(...)
>
> O segurador assume sua obrigação perante o segurado ou seu
>
> representante. Ninguém poderá fazê-lo em seu nome, se não estiver autorizado por lei ou por mandato. Caso contrário, o estipulante de seguro de vida poderia revertê-lo em seu benefício. Tal contrato perderia suas características de seguro para tornar-se um contrato de jogo ou aposta.
>
> A prestação do segurador é a razão de ser do contrato. Constitui seu objeto. Corresponde aos efeitos econômicos do risco. Embora suportado pelo segurado, pode ele transferir, porém, por via do contrato, suas consequências financeiras ao segurador. É a indenização nos seguros de dano e a soma prevista no contrato dos seguros de pessoa. Consiste, geralmente, num pagamento em dinheiro, mas pode ser também sob a forma de reposição, como acontece nos seguros de automóveis."

Nesse contrato, ocorrido o sinistro e o pagamento da indenização pela seguradora, esta sub-roga-se no direito do segurado, oportunidade em que lhe são transferidos todos os direitos e ações assegurados em relação ao devedor principal.

É o que se depreende dos seguintes dispositivos do Código Civil de 2002:

> "Art. 786. Paga a indenização, o segurador sub-roga-se, nos limites do valor respectivo, nos direitos e ações que competirem ao segurado contra o autor do dano.
>
> § 1º Salvo dolo, a sub-rogação não tem lugar se o dano foi causado pelo cônjuge do segurado, seus descendentes ou ascendentes, consangüíneos ou afins.
>
> § 2º É ineficaz qualquer ato do segurado que diminua ou extinga, em prejuízo do segurador, os direitos a que se refere este artigo."

Dispõe, a propósito, o Código Comercial de 1850:

> "Art. 728. Pagando o segurador um dano acontecido à coisa segura, ficará sub-rogado em todos os direitos e ações que ao segurado competirem contra terceiro, e o segurado não pode praticar ato algum em prejuízo do direito adquirido dos seguradores."

Sobre o tema, ainda, a Súmula nº 188/STF: *"O segurador tem ação regressiva contra o causador do dano, pelo que efetivamente pagou, até o limite previsto no contrato de seguro"*.

Cabe ressaltar que sub-rogação é *"a substituição de coisa ou pessoa por outra coisa ou pessoa, sobre que recaem as mesmas qualidades ou condições dispostas anteriormente em relação à coisa ou à pessoa substituída"* (ALVIM, Pedro. **O Seguro e o Novo Código Civil**. Rio de Janeiro: Forense, 2007, pág. 136).

Nesse contexto, o Superior Tribunal de Justiça já firmou entendimento de que, ao efetuar o pagamento da indenização ao segurado em decorrência de danos causados por terceiro, a seguradora sub-roga-se nos direitos daquele, podendo, dentro do prazo prescricional aplicável à relação jurídica originária, buscar o ressarcimento do que despendeu, nos mesmos termos e limites que assistiam ao segurado.

> *"RECURSO ESPECIAL. TRANSPORTE MARÍTIMO. ARMAZENAGEM DE MERCADORIA. AÇÃO REGRESSIVA DE COBRANÇA DE SEGURADO CONTRA SEGURADORA. PRESCRIÇÃO. TERMO INICIAL. SUB-ROGAÇÃO. LIMITES.*
>
> *1. Ao efetuar o pagamento da indenização ao segurado em decorrência de danos causados por terceiro, a seguradora sub-roga-se nos direitos*

daquele, mas nos limites desses direitos, ou seja, a 'sub-rogação não transfere à seguradora mais direitos do que aqueles que a segurada detinha no momento do pagamento da indenização' (REsp n. 1.385.142).

Portanto, dentro do prazo prescricional aplicável à relação jurídica originária, a seguradora sub-rogada pode buscar o ressarcimento do que despendeu com a indenização securitária.

2. Recurso especial conhecido e provido." (REsp 1.505.256/SP, Rel. Ministro JOÃO OTÁVIO DE NORONHA, TERCEIRA TURMA, julgado em 5/5/2016, DJe de 17/5/2016).

"AGRAVO REGIMENTAL NO AGRAVO EM RECURSO ESPECIAL. RESPONSABILIDADE CIVIL. DESEMBARQUE E TRANSPORTE DE MERCADORIA EM PORTO. AVARIA. INDENIZAÇÃO. PAGAMENTO PELA SEGURADORA. SUB-ROGAÇÃO. AÇÃO DE REGRESSO. PRESCRIÇÃO. PRAZO TRIMESTRAL. INAPLICABILIDADE AO OPERADOR PORTUÁRIO. LIMITAÇÃO A EMPRESA DE ARMAZÉM GERAL. PRINCÍPIO DA ESPECIALIDADE.

1. A seguradora, após arcar com a indenização securitária, sub-roga-se nos direitos do segurado, inclusive no que tange ao prazo prescricional, para poder buscar o ressarcimento do que despendeu.

2. Ante o princípio da especialidade, o prazo prescricional de três meses previsto no art. 11 do Decreto nº 1.102/1903 aplica-se somente às pretensões indenizatórias dirigidas contra empresas de armazéns gerais ou contra armazéns gerais alfandegados (art. 53 da Lei nº 5.025/1966).

3. O prazo de prescrição trimestral do art. 11 do Decreto nº 1.102/1903 não pode ser estendido para as ações de indenização ajuizadas contra o operador portuário, visto que as regras jurídicas sobre prescrição devem ser interpretadas estritamente, repelindo-se a exegese extensiva ou analógica.

(...)

5. Agravo regimental não provido." (AgRg no AREsp 121.152/SP, Rel. Ministro RICARDO VILLAS BÔAS CUEVA, TERCEIRA TURMA, julgado em 15/12/2015, DJe de 3/2/2016).

"AGRAVO REGIMENTAL EM RECURSO ESPECIAL. SEGURADORA. SUB-ROGAÇÃO. TERMO A QUO DO PRAZO PRESCRICIONAL. DATA DO PAGAMENTO. AGRAVO NÃO PROVIDO.

1. A seguradora, ao ressarcir os prejuízos ocasionados pelo acidente, sub-roga-se nos direitos do segurado, podendo ajuizar ação contra o terceiro. a sub-rogação, entretanto, não restringe os direitos sub-rogados, de modo que o prazo prescricional a ser aplicado deve ser o mesmo previsto para o segurado.

2. Com efeito, 'Esta Corte já firmou entendimento de que, ao efetuar o pagamento da indenização ao segurado em decorrência de danos causados por terceiro, a seguradora sub-roga-se nos direitos daquele, podendo, dentro do prazo prescricional aplicável à

> *relação jurídica originária, buscar o ressarcimento do que despendeu, nos mesmos termos e limites que assistiam ao segurado' (AgRg no REsp 1169418/RJ, Rel. Ministro RICARDO VILLAS BÔAS CUEVA, TERCEIRA TURMA, julgado em 06/02/2014, DJe 14/02/2014).*
>
> *3. Agravo regimental não provido."* (AgRg no AREsp 598.619/SP, Rel. Ministro LUIS FELIPE SALOMÃO, QUARTA TURMA, julgado em 5/2/2015, DJe de 10/2/2015).

Com efeito, ao honrar integralmente com o pagamento da indenização devida por força do contrato de seguro, a seguradora assume o lugar do seu cliente e, em consequência, os direitos violados pelo prejuízo causado ao bem segurado pela transportadora.

No tocante ao prazo prescricional aplicável ao caso em exame, cabe ressaltar, de início, que, a despeito das alegações da recorrente, o acórdão recorrido em nenhum momento fez referência ao disposto no art. 27 do Código de Defesa do Consumidor - CDC a fim de manter a sentença.

Ademais, não há direito consumerista na hipótese, porquanto a relação originária versa sobre contrato de transporte de mercadoria firmado entre a transportadora e empresa industrial do ramo da aviação, de modo que devem ser observadas as legislações cíveis e comerciais de regência.

A matéria em debate foi decidida com fundamento no Decreto-Lei nº 116/1967, regulamentado pelo Decreto nº 64.387/1969, que, ao dispor sobre as operações inerentes ao transporte de mercadorias por via d'água nos portos brasileiros, dispõe:

> *"Art. 8º Prescrevem ao fim de um ano, contado da data do término da descarga do navio transportador, as ações por extravio de carga, bem como as ações por falta de conteúdo, diminuição, perdas e avarias ou danos à carga."*

Ressalte-se, a propósito, a Súmula nº 151/STF, editada em 13/12/1963: *"Prescreve em 1 (um) ano a ação do segurador sub-rogado para haver indenização por extravio ou perda de carga transportada por navio"*.

Com efeito, o Superior Tribunal de Justiça, em interpretação à legislação de regência e observância à orientação firmada há longa data pela Suprema Corte, já decidiu que, no caso de não se averiguar a relação de consumo no contrato de transporte marítimo firmado, observa-se o prazo prescricional de 1 (um) ano para propositura de ação de segurador sub-rogado requerer do transportador o ressarcimento pela perda da carga.

Sobre o tema:

> *"AGRAVO REGIMENTAL NO RECURSO ESPECIAL. TRANSPORTE*

MARÍTIMO DE MERCADORIA. SEGURADORA. COBRANÇA. PRESCRIÇÃO CIVIL. AUSÊNCIA DE RELAÇÃO DE CONSUMO.

1. Esta Corte já firmou entendimento de que, ao efetuar o pagamento da indenização ao segurado em decorrência de danos causados por terceiro, a seguradora sub-roga-se nos direitos daquele, podendo, dentro do prazo prescricional aplicável à relação jurídica originária, buscar o ressarcimento do que despendeu, nos mesmos termos e limites que assistiam ao segurado.

2. No caso de não se averiguar a relação de consumo no contrato de transporte firmado, já decidiu esta Corte Superior que é de 1 (um) ano o prazo prescricional para propositura de ação de segurador sub-rogado requerer da transportadora o ressarcimento pela perda da carga. Precedentes.

3. Agravo regimental não provido." (AgRg no REsp 1.169.418/RJ, Rel. Ministro RICARDO VILLAS BÔAS CUEVA, TERCEIRA TURMA, julgado em 6/2/2014, DJe de 14/2/2014).

"AGRAVO REGIMENTAL NO AGRAVO EM RECURSO ESPECIAL. TRANSPORTE MARÍTIMO DE MERCADORIA. CONTRATO DE SEGURO. MERCADORIA AVARIADA. SEGURADORA. SUB-ROGAÇÃO. AUSÊNCIA DE RELAÇÃO DE CONSUMO ENTRE O SEGURADO E A TRANSPORTADORA. PRAZO PRESCRICIONAL ÂNUO. PRECEDENTES.

> *1. Nos termos da consolidada jurisprudência desta Corte, quando afastada pela instância ordinária a existência de relação de consumo entre o segurado e a transportadora, não incidirá o prazo prescricional previsto no Código de Defesa do Consumidor, prevalecendo o prazo prescricional ânuo estabelecido em legislação específica, neste caso o art. 8º do Decreto-Lei n. 116/67. Precedentes.*
>
> *2. Agravo regimental a que se nega provimento."* (AgRg no AREsp 458.425/SP, Rel. Ministra MARIA ISABEL GALLOTTI, QUARTA TURMA, julgado em 17/11/2015, DJe de 23/11/2015).

Quanto ao termo inicial do prazo prescricional, o acórdão recorrido asseverou que, na presente hipótese, deveria ser observada a data da vistoria, oportunidade em que foi definida a exata extensão dos danos causados pelo inadequado acondicionamento da mercadoria transportada.

Do voto condutor do julgado transcreve-se o seguinte excerto, que bem demonstra essa compreensão:

> *"(...)*
>
> *O agravo retido interposto tempestivamente às fls. 299/324 deve ser conhecido, mas não provido.*
>
> *A co-apelante pretende, por meio do agravo retido, que seja declarada a prescrição, a teor do artigo 80, do Decreto-Lei nº 116/67, regulamentado pelo Decreto nº 64.387/68, que prevê o prazo*

> *de 1 (um) ano de prescrição, contado a partir da data da descarga da mercadoria, que ocorreu em 19/12/2004.*
>
> *A presente ação foi proposta em 29/12/2005.*
>
> *Como muito bem observado pelo MM. Juiz a quo, mesmo considerando o prazo ânuo para a ação de regresso, este somente começou a fluir da data da apuração definitiva de seu alcance, oportunidade em que a seguradora passou a ter condições de avaliar o que indenizar.*
>
> *A vistoria encerrou em 24 de fevereiro de 2005 (fls. 52) e a ação foi ajuizada em dezembro do mesmo ano.*
>
> *Somente a partir da vigência é que restou evidenciado o motivo da perda da carga.*
>
> *Portanto, o agravo retido fica improvido"* (fls. 640/641).

Muito embora a vistoria seja relevante no que se refere à constatação dos efetivos danos causados, não pode ser entendido como o termo inicial do prazo prescricional da ação regressiva a ser proposta pela seguradora.

De outra parte, menos plausível se mostra a tese veiculada nas razões recursais, perfilhada pelo acórdão apontado como paradigma, qual seja, a de que o prazo prescricional deve ser contado do desembarque da mercadoria no porto.

O intérprete não deve se apegar simplesmente à letra da lei, mas deve perseguir o espírito da norma a partir de outras, inserindo-a no sistema como um todo, para extrair, assim, o seu sentido mais harmônico e coerente com o ordenamento jurídico. Além disso, nunca se pode perder de vista a finalidade da lei, ou seja, a razão pela qual foi elaborada e o bem jurídico que visa proteger.

A propósito, colhe-lhe a doutrina de Carlos Maximiliano:

> *"(...)*
>
> *Toda prescrição legal tem provavelmente um escopo, e presume-se que a este pretenderam corresponder os autores da mesma, isto é, quiseram tornar eficiente, converter em realidade o objetivo ideado. A regra positiva deve ser entendida de modo que satisfaça aquele propósito; quando assim se não procedia, construíam a obra do hermeneuta sobre a areia movediça do processo gramatical.*
>
> ***Considera-se o Direito como uma ciência primariamente normativa ou finalística; por isso mesmo a sua interpretação há de ser, na essência, teleológica.***
>
> *O hermeneuta sempre terá em vista o fim da lei, o resultado que a mesma precisa atingir em sua atuação prática. A norma enfeixa um conjunto de econômicas e sociais;* ***será interpretada de modo que melhor corresponda àquela finalidade e***

> ***assegure plenamente a tutela de interesse para a qual foi regida.***
>
> *Levam-se em conta os esforços empregados para atingir determinado escopo, e inspirados pelos desígnios, anelos e receios que agitavam o país, ou o mundo, quando a norma surgiu. O fim inspirou o dispositivo; deve, por isso mesmo, também servir para lhe limitar o conteúdo: retifica e completa os caracteres na hipótese legal e auxilia a precisar quais as espécies que na mesma se enquadram. Fixa o alcance, a possibilidade prática; pois impera a presunção de que o legislador haja pretendido editar um meio razoável, e, entre os meios possíveis, escolhido o mais simples, adequado eficaz. O fim não revela, por si só, os meios que os autores das expressões de Direito puseram em ação para o realizar; serve, entretanto, para fazer melhor compreendê-los e desenvolvê-los em suas minúcias. Por conseguinte, não basta determinar finalidade prática da norma, a fim de reconstituir o seu verdadeiro conteúdo: cumpre verificar se o legislador, em outras disposições, já revelou preferência por um meio, ao invés de outro, para atingir o objetivo colimado; se isto não aconteceu, deve-se dar a primazia ao meio mais adequado para atingir aquele fim de modo pleno, completo, integral".* (MAXIMILIANO, Carlos. Hermenêutica e Aplicação do Direito. 20ª ed., Rio de Janeiro: Forense, 2011, págs. 104-105 e 124-125 - grifou-se)

A sub-rogação não deve ser interpretada na extensão dimensionada pela recorrente, de modo a fazer com que, por força da transferência legal dos direitos e das ações do credor ao sub-rogado, imponha-se a observância, inclusive, do termo inicial do prazo prescricional previsto para a relação jurídica originária.

Com efeito, a sub-rogação se concretiza com o pagamento da indenização securitária. Tão somente a partir desse momento pode-se atribuir ao segurador o direito de propor ação regressiva contra o autor do dano causado ao seu segurado.

Nesse sentido:

> *"AGRAVO REGIMENTAL NO AGRAVO EM RECURSO ESPECIAL. EXECUÇÃO. EXERCÍCIO DE DIREITO DE REGRESSO. IMPUGNAÇÃO À EXECUÇÃO. NEGATIVA DE PRESTAÇÃO JURISDICIONAL NÃO CONFIGURADA. PRESCRIÇÃO. TERMO INICIAL. PAGAMENTO INTEGRAL DA DÍVIDA. PRECEDENTES. DISCUSSÃO QUANTO AO TOTAL DA DÍVIDA EXIGIDA. INDICAÇÃO DE OFENSA A DISPOSITIVO LEGAL INAPTO PARA AMPARAR A TESE RECURSAL. PRETENSÃO DE DESCONSTITUIÇÃO DO PRÓPRIO TÍTULO EXECUTIVO. AGRAVO IMPROVIDO.*
>
> *(...)*

2. A contagem do prazo prescricional para o ajuizamento de ação regressiva tem início com o pagamento integral da dívida. Precedentes.

3. No caso, não é possível pretender o reconhecimento de prescrição parcial da pretensão regressiva sob a alegação de que haveria várias rubricas autônomas e independentes, pois o tema não foi examinado sob essa perspectiva. Falta, assim, nesse aspecto, o devido prequestionamento.

(...)

5. Agravo regimental a que se nega provimento." (AgRg no AREsp 599.199/SP, Rel. Ministro MARCO AURÉLIO BELLIZZE, TERCEIRA TURMA, julgado em 15/12/2015, DJe de 3/2/2016).

Celebração de acordo entre o segurado e o autor da ação de indenização por danos materiais. Parcelamento da dívida. Ação regressiva de cobrança de segurado contra a seguradora. Prescrição. Termo inicial. Data de pagamento da última parcela do acordo.

I – O pressuposto lógico do direito de regresso é a satisfação do pagamento da condenação ao terceiro, autor da ação de indenização proposta contra o segurado. Não há que se falar em ação regressiva de cobrança sem a ocorrência efetiva e concreta de um dano patrimonial.

II – O prazo prescricional subordina-se ao principio da actio nata: o prazo tem início a partir da data em que o credor pode demandar judicialmente a satisfação do direito.

> *III – Sob essa ótica, na ocorrência de acordo celebrado após trânsito em julgado de condenação judicial em ação indenizatória por danos materiais sofridos por terceiro, o termo inicial do prazo prescricional nas ações regressivas de cobrança de segurado contra seguradora é a data de pagamento da última parcela do acordo.*
>
> *IV – Somente a partir do adimplemento da obrigação, que ocorreu com o pagamento da última parcela, é que a recorrida, na condição de segurada, passou a ser credora da seguradora, surgindo daí o direito ao ressarcimento, contra a recorrente, do numerário que despendeu para adimplir a dívida.*
>
> *V – Desse modo, tendo sido a última parcela paga em 23.07.2001 e a presente ação proposta em 01.04.2002, não se confere a prescrição. Inexiste, portanto, ofensa ao art. 178, §6º, II, do CC/16.*
>
> *(...)*
>
> *Recurso especial não provido."* (REsp 949.434/MT, Rel. Ministra NANCY ANDRIGHI, TERCEIRA TURMA, julgado em 18/10/2010, DJe de 10/6/2010).

Desse modo, o termo inicial do prazo prescricional para seguradora sub-rogada propor ação de regresso contra o transportador marítimo por perdas e avarias na mercadoria transportada é a data do pagamento integral da indenização ao segurado.

Nesse contexto, muito embora o acórdão recorrido não tenha atuado em perfeita harmonia com a legislação de regência e a orientação jurisprudencial desta Corte Superior ao estabelecer a data da vistoria aduaneira como marco inicial do prazo prescricional, não há campo para o provimento do recurso especial.

Com efeito, a vistoria aduaneira encerrou-se em 24/2/2005 (fl. 56). A seguradora, por sua vez, pagou a indenização ao segurado posteriormente, após constatar a extensão do sinistro, em 3/6/2005, conforme comprova o recibo de fl. 77. Desse modo, não havia transcorrido o prazo prescricional de 1 (um) ano quando foi proposta a presente ação regressiva, em 29/12/2005.

4. Dispositivo

Ante o exposto, não conheço dos embargos de declaração de fls. 731/736 e conheço do recurso especial para negar-lhe provimento.

É o voto.

CERTIDÃO DE JULGAMENTO
TERCEIRA TURMA

Número Registro: 2011/0294875-7

PROCESSO ELETRÔNICO **REsp 1.297.362/SP**

Números Origem: 5620120050427983 916379872200982600000

PAUTA: 02/08/2016 JULGADO: 02/08/2016

Relator
Exmo. Sr. Ministro **RICARDO VILLAS BÔAS CUEVA**

Presidente da Sessão
Exmo. Sr. Ministro JOÃO OTÁVIO DE NORONHA

Subprocurador-Geral da República
Exmo. Sr. Dr. FRANKLIN RODRIGUES DA COSTA

Secretária
Bela. MARIA AUXILIADORA RAMALHO DA ROCHA

AUTUAÇÃO

RECORRENTE: HAMBURG SUDAMERKANISCHE DAMPFSCHIFFAHRTS

ADVOGADOS: OSVALDO SAMMARCO E OUTRO(S)

MARCUS SAMMARCO E OUTRO(S)

RECORRIDO: UNIBANCO AGI SEGUROS S/A

ADVOGADO: MÁRCIO ROBERTO GOTAS MOREIRA E OUTRO(S)

INTERES.: ATRADE FORWARDING CORP

REPR. POR: ATRADE CARGO DO BRASIL LTDA

ASSUNTO: DIREITO CIVIL - Obrigações - Espécies de Contratos - Transporte de Coisas

SUSTENTAÇÃO ORAL

Dr(a). MARCELO DE LUCENA SAMMARCO, pela parte RECORRENTE: HAMBURG SUDAMERKANISCHE DAMPFSCHIFFAHRTS

CERTIDÃO

Certifico que a egrégia TERCEIRA TURMA, ao apreciar o processo em epígrafe na sessão realizada nesta data, proferiu a seguinte decisão:

Após o voto do Sr. Ministro Relator, negando provimento ao recurso especial, pediu vista o Sr. Ministro Marco Aurélio Bellizze. Aguardam os Srs. Ministros Moura Ribeiro, João Otávio de Noronha (Presidente) e Paulo de Tarso Sanseverino.

RECURSO ESPECIAL Nº 1.297.362 - SP (2011/0294875-7)

VOTO-VISTA

O SENHOR MINISTRO MARCO AURÉLIO BELLIZZE:

Cuida-se de recurso especial interposto por Hamburg Sudamerkanische Dampfschiffahrts fundamentado no art. 105, inciso III, alíneas a e c, da Constituição Federal.

Em suas razões recursais, a recorrente alega a violação do art. 8º do Decreto-Lei n. 116/67 ao fundamento de que o prazo prescricional para a seguradora pleitear reparação do dano assegurado deve ser o mesmo previsto no referido dispositivo legal, ou seja, um ano. Assim, sustenta a prescrição da pretensão contra si dirigida em razão de danos causados a carga transportada, uma vez que, desde a descarga das mercadorias, teria decorrido o prazo prescricional ânuo.

Em contrarrazões, Unibanco AIG Seguros S.A., além de alegar óbices ao conhecimento, assevera que, ainda que se considerasse o momento do desembarque como termo inicial do prazo prescricional, não teria decorrido o prazo prescricional ânuo atá a propositura da ação. Ademais, afirma que o termo inicial é distinto para a seguradora, somente tendo seu curso estabelecido a partir do efetivo pagamento à empresa segurada, momento em que se perfaz a sub-rogação no direito ao ressarcimento dos danos.

Trazidos os autos ao julgamento desta Terceira Turma, o Relator Min. Ricardo Villas Bôas Cueva apresentou voto no sentido de negar provimento ao recurso, ao fundamento de que "[o] termo inicial do prazo prescricional para seguradora sub-rogada propor ação de regresso é a data do pagamento integral da indenização ao segurado", na linha de precedentes mencionados no voto, inclusive de minha relatoria.

Por essa razão, pedi vista dos autos para melhor exame da controvérsia no que tange ao termo inicial do prazo prescricional relativo à pretensão decorrente de sub-rogação.

De início, friso que no julgamento do AgRg no AREsp n. 599.199/SP, de minha relatoria, esta Terceira Turma agasalhou o marco temporal do pagamento como termo inicial para se pleitear, via ação regressiva, o direito de regresso decorrente de uma relação de solidariedade na reparação de danos. É o que se verifica da síntese das razões recursais assim registrada no voto condutor do referido acórdão:

> Afirmaram que o art. 283 do CC, ao contrário do que consignado no acórdão recorrido, não exige que o devedor satisfaça a dívida por inteiro para depois exercitar seu direito de regresso. Segundo sustentaram,

> o pagamento parcial da dívida já permitiria o exercício do correspondente direito de regresso. Referida conclusão ainda mais se evidenciaria em hipóteses como a dos autos, em que o quantum total é composto por vários débitos autônomos. Por força de consequência, estaria prescrita a pretensão de regresso relativamente aos valores pagos há mais de três anos.

Desse modo, à toda evidência, não se tratava naquele julgamento de contagem de prazo prescricional decorrente de sub-rogação, mas de mero exercício de regresso do co-devedor solidário, razão pela qual não compartilho do mesmo raciocínio na hipótese dos autos.

Com efeito, não se pode olvidar que o legislador, diferentemente da opção relativa aos contratos de seguro, acabou por afastar a existência de sub-rogação nos casos de solidariedade. Isso porque a ação de regresso prevista para o devedor solidário que quita a obrigação integralmente, somente poderá ter por objeto a pretensão de ressarcimento contra os demais co-devedores pelas respectivas quotas-parte, dissolvendo-se entre eles o vínculo de solidariedade originário e revelando tratar-se de uma nova pretensão, absolutamente autônoma em relação à dívida solidária, ainda que dela sucessiva. É o que se depreende do art. 283 do CC/02:

> Art. 283. O devedor que satisfez a dívida por inteiro tem direito a exigir de cada um dos co-devedores a sua quota, dividindo-se igualmente por todos a do insolvente, se o houver, presumindo-se iguais, no débito, as partes de todos os co-devedores.

Situação outra é aquela nascida em decorrência das relações de contrato de seguro, em que por expressa disposição legal, a seguradora, ao pagar a indenização, sub-roga-se nos direitos e ações do segurado (art. 786 do CC/02).

Muito embora ambas as pretensões, a de sub-rogação e aquela de mero direito regressivo, se perfaçam pela via da ação regressiva, são pretensões ontologicamente distintas, e essa distinção se faz presente inclusive no que tange ao marco temporal e ao prazo prescricional.

O instituto da sub-rogação encontra previsão legal em nosso atual Código Civil sempre atrelado ao adimplemento de obrigação pelo pagamento. Assim, ao efetuar a quitação, total ou parcial, do débito de terceiro, ato que *a priori* extinguiria o vínculo obrigacional originário, o legislador optou por afastar a extinção ordinária da obrigação, impondo ao devedor originário a sucessão de sua obrigação. Assim, aquele que quita a dívida é lançado, *ex lege* ou por contrato, à posição de credor da dívida originária.

Trata-se, pois, de evidente forma de transmissão de obrigação, na qual se dá a sucessão do credor, mantendo-se íntegros os exatos contornos iniciais da relação obrigacional. Noutros termos, transmite-se os direitos e as correspondentes ações, tal qual originalmente constituídas.

Muito embora o instituto fosse assim reconhecido no Código Civil de 1916, seu âmbito de aplicação aos contratos de seguro exigiam expressa previsão contratual em razão da inexistência de regra geral nesse sentido. Desse modo, sob a vigência do Código Civil revogado, sua aplicação *ex lege* em favor das seguradoras ficava restrita aos contratos de transporte marítimo, em razão da previsão do art. 728 do Código Comercial de 1850, ainda em vigor nos seguintes termos:

> Art. 728 - Pagando o segurador um dano acontecido à coisa segura, ficará subrogado em todos os direitos e ações que ao segurado competirem contra terceiro; e o segurado não pode praticar ato algum em prejuízo do direito adquirido dos seguradores.

Esse cenário permitiu então a construção de que, a despeito da inexistência de sub-rogação, seria cabível a ação regressiva como forma de recuperação do prejuízo e de responsabilização do causador do dano, em razão da despesa suportada pelas seguradoras, como forma de obstar o vedado enriquecimento sem causa. Daí a consolidação do enunciado n. 188 da Súmula do Supremo Tribunal Federal, editada em 1963, que expressamente reconhece a possibilidade de utilização da ação regressiva como via processual ao ressarcimento da despesa efetivamente realizada.

Embora não revogado o enunciado jurisprudencial, mantido em vigor até hoje por não contrariar o atual sistema legal, o Código Civil vigente cuidou de dar solução expressa a esse antigo anseio das seguradoras de serem contempladas pelo instituto da sub-rogação, assegurado incialmente pelo Código Comercial de forma restrita.

Desse modo, a despeito de se utilizarem da via processual conhecida como ação regressiva, as ações propostas pelas seguradoras veiculam, atualmente, nítida pretensão de direito creditório ou obrigacional a elas transmitida por sub-rogação. Ressalte-se que não há novação da relação creditícia, aproximando-se, nesse ponto, a sub-rogação da cessão de crédito - tanto que se lhe aplicam, subsidiariamente, as disposição legais referentes à cessão. De fato, a relação originária mantém todos os seus contornos, inclusive quanto à prescrição.

Nesse sentido, são os precedentes desta Corte Superior, embora sem enfrentar a questão posta nestes autos, relativa ao termo inicial da contagem do prazo prescricional (original sem grifos):

> RECURSO ESPECIAL. TRANSPORTE MARÍTIMO. ARMAZENAGEM DE MERCADORIA. AÇÃO REGRESSIVA DE COBRANÇA DE SEGURADO CONTRA SEGURADORA. PRESCRIÇÃO. TERMO INICIAL. SUB-ROGAÇÃO. LIMITES.
>
> 1. Ao efetuar o pagamento da indenização ao segurado em decorrência de danos causados por terceiro, a seguradora sub-roga-se nos direitos daquele, mas nos limites desses direitos, ou seja, a "sub-rogação não transfere à seguradora mais direitos do que aqueles que a segurada detinha no momento do pagamento da indenização" (REsp n. 1.385.142).
>
> Portanto, **dentro do prazo prescricional aplicável à relação jurídica originária**, a seguradora sub-rogada pode buscar o ressarcimento do que despendeu com a indenização securitária.
>
> 2. Recurso especial conhecido e provido. (REsp n. 1.505.256/SP, Rel. Min. João Otávio de Noronha, Terceira Turma, DJe 17/5/2016)
>
> DIREITO CIVIL. RECURSO ESPECIAL. SEGURO DE TRANSPORTE DE MERCADORIA. FATOS OCORRIDOS ANTES DA VIGÊNCIA DO CÓDIGO CIVIL DE 2002, QUE PASSOU A REGULAR O

TRANSPORTE DE PESSOAS E COISAS. SINISTRO. INDENIZAÇÃO. SUB-ROGAÇÃO. SEGURADORA ASSUME A POSIÇÃO DA SEGURADA. RELAÇÃO MERCANTIL. INAPLICABILIDADE DAS REGRAS DO CDC.

1. A seguradora, arcando com a indenização securitária, está sub-rogada nos direitos de sua segurada, podendo, **dentro do prazo prescricional aplicável à relação jurídica entabulada por esta**, buscar o ressarcimento do que despendeu, nos mesmos termos e limites que assistiam à segurada.

2. No entanto, a relação jurídica existente entre a segurada e a transportadora ostenta nítido caráter mercantil, não podendo, em regra, ser aplicada as normas inerentes às relações de consumo, pois, segundo apurado pela instância ordinária, "o segurado utilizou a prestação de serviço da ré transportadora como insumo dentro do processo de transformação, comercialização ou na prestação de serviços a terceiros; não se coadunando, portanto, com o conceito de consumidor propriamente dito, mas sim pretendendo a exploração da atividade econômica visando a obtenção do lucro".

3. O Código Civil de 2002 regula o contrato de transporte de pessoas e coisas nos artigos 730 a 756. No entanto, a referida relação jurídica era anteriormente regulada pelo Decreto-Lei 2.681/1912, aplicando-se a prescrição ânua, conforme dispunha o art

> 9º do mencionado Diploma. Precedentes do STF e desta Corte.
>
> 4. Recurso especial não conhecido. (REsp n. 982.492/SP, Rel. Min. Luis Felipe Salomão, Quarta Turma, DJe 17/10/2011)

Por sua vez, é relevante notar que, diferentemente da cessão de crédito, na sub-rogação o devedor originário não participa em nenhum momento do negócio que transmite a obrigação do credor originário ao sub-rogatário. Aqui, não se exige notificação ou ciência do devedor para a pefectibilização do ato de sub-rogação, ela se aperfeiçoa plenamente com o mero pagamento ao credor original, ato privado, que refoge ao conhecimento ordinário do devedor da obrigação.

E nem se pode argumentar, nesses casos, que o devedor deveria conhecer a sub-rogação, tão somente por sua expressa previsão legal, uma vez que não se pode desconsiderar que os contratos de seguro são negócios igualmente privados e voluntários, de modo que não se tem como exigir do causador do dano o conhecimento prévio da existência do contrato de seguro, dos riscos cobertos e, menos ainda, do momento em que realizado o pagamento pela seguradora ao segurado.

Por outro prisma, não se pode negar a relevância jurídica do momento do pagamento. Nesse momento, como referido pelo legislador, ocorre a sub-rogação; a partir desse importante marco temporal, a seguradora passa a ser parte legítima para todos os atos necessários a assegurar a realização da obrigação transimitida. Trata-se assim de nítida questão de legitimidade, ressaltando que, até o pagamento efetivo, compete ao próprio segurado a legitimidade decorrente de sua posição credora. Por essa razão, impõe o legislador ao segurado o dever de não praticar atos que prejudiquem o direito da sub-rogação, o que, *a priori,* seria lícito por ser ele o credor exclusivo.

Todavia, acrescer ao momento do pagamento a função de marco inicial da prescrição ao pagamento é juridicamente inviável, sob pena de se deturpar tanto os limites do crédito transmitido e, por consequência, o instituto da sub-rogação, como a própria razão de ser dos prazos prescricionais.

Nesse diapasão, deve ter em consideração que o instituto da prescrição tem o importantíssimo escopo de pacificação social, agregando segurança jurídica e previsibilidade diante da inércia da parte quanto ao exercício de seu direito. Tutela-se, assim, a legítima expectativa gerada na parte *ex adversa* diante da inação por lapso temporal considerável e regulamentado legalmente. Assim, a prescrição não pode se sujeitar à vontade das partes, sejam elas beneficiadas ou prejudicadas pelo transcurso do prazo (CAHALI, Yussef Said. **Prescrição e Decadência**. 2ª ed., São Paulo: Editora Revista dos Tribunais, 2012, p. 24).

Dito isso, deve-se concluir que utilizar o momento do pagamento como marco inicial do prazo prescricional corresponde a atribuir à seguradora o controle do início do prazo, situação inadmissível em nosso sistema jurídico. Isso porque a ela exclusivamente incumbe a decisão de pagar o segurado, de forma que a eleição desse marco temporal viabilizaria à prejudicada natural pelo transcurso do prazo liberatório o arbitramento no que tange a sua fluência, colocando o devedor numa posição de insegurança indefinida.

Ao assim se entender, ao invés de a prescrição consolidar a pacificação social, imbui-se no espírito dos jurisdicionados um sentimento de injusta surpresa, oposta àquele mote de previsibilidade almejado, fazendo do processo quase que uma armadilha para as partes, que poderão a qualquer tempo serem supreendidas pela exigibilidade de uma dívida antiga, que acreditavam legitimamente prescrita.

Por outro ângulo, a legislação impõe ao segurado, sob pena de perder o direito à indenização, o dever de comunicar imediatamente o conhecimento de sinistro à seguradora, nos termos do art. 771 do Código Civil de 2002:

> Art. 771. Sob pena de perder o direito à indenização, o segurado participará o sinistro ao segurador, logo que o saiba, e tomará as

providências imediatas para minorar-lhe as consequências.

Esse dispositivo, somado às demais disposições relativas à sub-rogação, deixa clara a engenharia legal que traduz tratar-se a obrigação de reparação do dano uma única relação jurídica, a qual é transmitida pelo segurado e recebida pela seguradora com todas as suas limitações, inclusive quanto ao prazo prescricional em curso. Conquanto não faça referência direta ao prazo prescricional, deixa inconteste que o conhecimento do dano é fato relevante tanto para o segurado como para a seguradora, por tratar-se de inafastável marco temporal da prescrição, a qual se vincula objetivamente à pretensão, e não às partes.

Assim, *a actio* nata delimita o surgimento da obrigação e sua exigibilidade **no exato momento em que o segurado toma conhecimento da ocorrência do dano**. E,uma vez que essa mesma relação obrigacional será transmitida à seguradora, deve o segurado, em respeito à boa-fé objetiva e aos postulados da eticidade, concretizados na referida norma legal, dar à seguradora seu imediato conhecimento. Nessa dinâmica, assegura-se à seguradora a possibilidade de quitar sua obrigação contratual, pelo pagamento da indenização contratada, e, sub-rogando-se na posição de credora, buscar a satisfação da reparação contra o causador do dano em tempo hábil.

Nesse sentido, também já se pronunciou a Quarta Turma desta Corte Superior:

> RECURSO ESPECIAL. TRANSPORTE MARÍTIMO. PRESCRIÇÃO ÂNUA. APLICAÇÃO DO DECRETO-LEI 116/1967 E SÚMULA 151 DO STF. CARGA AVARIADA. RESPONSABILIDADE DAS DEPOSITÁRIAS. AÇÃO DO SEGURADOR SUBROGADO PARA RESSARCIMENTO DOS VALORES PAGOS.
>
> 1. Nos termos do art. 8º do Decreto-Lei 116/1967, é de um ano o prazo para a prescrição da pretensão indenizatória, no caso das ações por extravio, falta de conteúdo, diminuição, perdas e avarias ou danos à carga a ser transportada por via d'água nos portos brasileiros.
>
> 2. A Súmula 151 do STF orienta que prescreve em um ano a ação do segurador subrogado para haver indenização por extravio ou perda de carga transportada por navio.
>
> 3. A seguradora sub-roga-se nos direitos e ações do segurado, após o pagamento da indenização securitária, inclusive no que tange ao prazo prescricional, para, assim, buscar o ressarcimento que realizou.
>
> 4. Recurso especial provido. (REsp n. 1.278.722/PR, Rel. Min. Luis Felipe Salomão, Quarta Turma, DJe 29/6/2016)

No referido julgamento, o relator deixa expresso em seu voto tratar-se de caso em que aplicável o enunciado n. 278 da Súmula do STJ, que estabelece que "[o] termo inicial do prazo prescricional, na ação de indenização, é a data em que o segurado teve ciência inequívoca da incapacidade laboral", para, ao final, concluir pelo reconhecimento da prescrição da pretensão buscada pela seguradora contra a causadora do dano, mediante ação de regresso na qualidade de sub-rogatária.

Embora não consista razão de decidir, acrescento que esse entendimento tem ainda o condão de induzir as seguradoras a não postergarem o cumprimento de sua obrigação perante o segurado, uma vez que sobre elas também pesarão os efeitos de sua demora, ainda que pela via reflexa da prescrição, a fulminar sua pretensão contra o causador do dano. De outro lado, sua responsabilidade pelo pagamento da indenização ao segurado desidioso fica a salvo, prevenindo casos de eventual conluio ou mera inação imotivada do segurado e liberando-a do pagamento na hipótese de demora desarrazoada na comunicação.

Por fim, ressalto ainda que esse entendimento tampouco destoa daquele alcançado no julgamento do REsp n. 949.434/MT, Rel. Min. Nancy Andrighi, Terceira Turma, DJe 10/6/2010, em que se discutia a ação de regresso do segurado em face de sua seguradora contratada e o marco inicial da prescrição desta pretensão, em que o próprio segurado havia sido o causador do dano a terceiro, distanciando-se sobremaneira do debate à luz da sub-rogação. É o que se depreende desde a leitura da ementa do acórdão:

> Processual Civil e Civil. Recurso Especial. Seguro de Responsabilidade Civil. **Celebração de acordo entre o segurado e o autor da ação de indenização por danos materiais**. Parcelamento da dívida. **Ação regressiva de cobrança de segurado contra a seguradora**. Prescrição. Termo inicial. Data de pagamento da última parcela do acordo.
>
> I – O pressuposto lógico do direito de regresso é a satisfação do pagamento da condenação ao terceiro, autor da ação de indenização proposta contra o segurado. Não há que se falar em ação regressiva de cobrança sem a ocorrência efetiva e concreta de um dano patrimonial.
>
> II – O prazo prescricional subordina-se ao principio da *actio nata*: o prazo tem início a partir da data em que o credor pode demandar judicialmente a satisfação do direito.
>
> III – Sob essa ótica, na ocorrência de acordo celebrado após trânsito em julgado de condenação judicial em ação indenizatória por danos materiais sofridos por terceiro, o termo inicial do prazo prescricional nas ações regressivas de cobrança de segurado

> contra seguradora é a data de pagamento da última parcela do acordo.
>
> IV – Somente a partir do adimplemento da obrigação, que ocorreu com o pagamento da última parcela, é que a recorrida, na condição de segurada, passou a ser credora da seguradora, surgindo daí o direito ao ressarcimento, contra a recorrente, do numerário que despendeu para adimplir a dívida.
>
> V – Desse modo, tendo sido a última parcela paga em 23.07.2001 e a presente ação proposta em 01.04.2002, não se confere a prescrição. Inexiste, portanto, ofensa ao art. 178, §6º, II, do CC/16.
>
> VI – Por fim, não se conhece do recurso especial com base na alínea "c" do permissivo constitucional, pois não há a comprovação da similitude fática entre os acórdãos trazidos à colação, elemento indispensável à demonstração da divergência. A análise da existência do dissídio é inviável, porque foram descumpridos os arts. 541, parágrafo único, do CPC e 255, §§ 1º e 2º, do RISTJ. Recurso especial não provido.

Em síntese, por todos os fundamentos expostos, reconheço como marco temporal inicial do lapso prescricional a **data da ciência do sinistro**, ou seja, dano à mercadoria transportada **apurado na vistoria**, conforme o acórdão recorrido (e-STJ, fl. 641). Marco este que não se confunde com o momento em que a seguradora ingressa na relação obrigacional transmitida por sub-rogação, esta sim ocorrida apenas com o pagamento efetivo da indenização.

No caso concreto, verifico, todavia, que o Tribunal de origem observou a aplicação da teoria da *actio nata*, assentando que, desde a conclusão da vistoria até a propositura da presente demanda, não havia transcorrido o prazo de um ano, conforme se extrai da fundamentação do acórdão recorrido (e-STJ, fls. 640-641):

> A presente ação foi proposta em 29/12/2005.
>
> Como muito bem observado pelo MM. Juiz a quo, mesmo considerando o prazo ânuo para a ação de regresso, este somente começou a fluir da data da apuração definitiva de seu alcance, oportunidade em que a seguradora passou a ter condições de avaliar o que indenizar.
>
> A vistoria encerrou em 24 de fevereiro de 2005 (fls. 52) e a ação foi ajuizada em dezembro do mesmo ano.
>
> **Somente a partir da vistoria é que restou evidenciado o motivo da perda da carga**.

Assim, a despeito da divergência de fundamentação, acompanho o relator Min. Ricardo Villas Bôas Cueva quanto ao resultado do julgamento para negar provimento ao recurso especial.

É como voto.

CERTIDÃO DE JULGAMENTO
TERCEIRA TURMA

Número Registro: 2011/0294875-7

PROCESSO ELETRÔNICO **REsp 1.297.362 / SP**

Números Origem: 5620120050427983 91637987220098260000

PAUTA: 20/09/2016 JULGADO: 20/09/2016

Relator
Exmo. Sr. Ministro **RICARDO VILLAS BÔAS CUEVA**

Presidente da Sessão
Exmo. Sr. Ministro MARCO AURÉLIO BELLIZZE

Subprocurador-Geral da República
Exmo. Sr. Dr. ANTÔNIO CARLOS ALPINO BIGONHA

Secretária
Bela. MARIA AUXILIADORA RAMALHO DA ROCHA

AUTUAÇÃO

RECORRENTE : HAMBURG SUDAMERKANISCHE DAMPFSCHIFFAHRTS

ADVOGADOS : OSVALDO SAMMARCO E OUTRO(S) - SP023067
MARCUS SAMMARCO E OUTRO(S) - SP139612

RECORRIDO : UNIBANCO AGI SEGUROS S/A

ADVOGADO : MÁRCIO ROBERTO GOTAS MOREIRA E OUTRO(S) - SP178051

INTERES. : ATRADE FORWARDING CORP

REPR. POR : ATRADE CARGO DO BRASIL LTDA

ASSUNTO: DIREITO CIVIL - Obrigações - Espécies de Contratos - Transporte de Coisas

CERTIDÃO

Certifico que a egrégia TERCEIRA TURMA, ao apreciar o processo em epígrafe na sessão realizada nesta data, proferiu a seguinte decisão:

Prosseguindo no julgamento, após o voto-vista do Sr. Ministro Marco Aurélio Bellizze, divergindo por outros fundamentos para negar provimento ao recurso especial, pediu vista o Sr. Ministro Moura Ribeiro. Aguarda o Sr. Ministro Paulo de Tarso Sanseverino. Não participou do julgamento a Sra. Ministra Nancy Andrighi.

RECURSO ESPECIAL Nº 1.297.362 - SP (2011/0294875-7)

RELATOR: MINISTRO RICARDO VILLAS BÔAS CUEVA

RECORRENTE: HAMBURG SUDAMERKANISCHE DAMPFSCHIFFAHRTS

ADVOGADOS: OSVALDO SAMMARCO E OUTRO(S) - SP023067

MARCUS SAMMARCO E OUTRO(S) - SP139612

RECORRIDO: UNIBANCO AGI SEGUROS S/A

ADVOGADO: MÁRCIO ROBERTO GOTAS MOREIRA E OUTRO(S) - SP178051

INTERES.: ATRADE FORWARDING CORP

REPR. POR: ATRADE CARGO DO BRASIL LTDA

VOTO-VISTA

O EXMO. SR. MINISTRO MOURA RIBEIRO:

A questão controvertida em debate visa definir o termo inicial do prazo de prescrição para a seguradora, em ação regressiva, pleitear o ressarcimento do valor pago ao segurado por danos causados à mercadoria em transporte marítimo.

Na hipótese dos autos, UNIBANCO AIG SEGUROS S.A. (SEGURADORA) ajuizou ação regressiva de ressarcimento contra ATRADE FORWARDIN CORP. e a recorrente, HAMBURG SÜDAMERIKANISCHE DAMPFSCHIFFAHRTS (SEGURADA), alegando ser credora, por sub-rogação, da indenização paga à Empresa Brasileira de Aeronáutica S.A. - EMBRAER, em razão da perda total da carga transportada pelas rés (peças de aeronaves) entre os Portos de Miami, Estados Unidos da América, e de Santos - SP, acondicionada sem a observância da temperatura contratada de - 18°C (dezoito graus centígrados negativos).

A sentença julgou procedente o pedido para condenar as rés solidariamente ao pagamento da importância de R$ 162.004,29 (cento e sessenta e dois mil e quatro reais e vinte e nove centavos), atualizados desde a data do pagamento da indenização e acrescidos de juros de mora de 1% (um por cento) ao mês a partir da citação.

A decisão foi mantida pelo Tribunal de origem, que afastou a alegação de prescrição suscitada no agravo retido sob o fundamento de que **o prazo prescricional corre a partir da vistoria**, que se encerrou aos **24/02/2005**, sendo que a ação foi ajuizada aos **29/12/2005**, dentro do prazo ânuo previsto no art. 8º do Decreto-Lei nº 116/67, regulamentado pelo Decreto nº 64.387/68.

O recurso especial interposto pela SEGURADA firmou-se na tese de que foi violado o art. 8º do Decreto-Lei nº 116/67 porque a prescrição começa a correr da data de descarga das mercadorias, que ocorreu aos 19/12/2004.

O eminente relator, Ministro RICARDO VILLAS BÔAS CUEVA, negou provimento ao recurso especial, porém, ao contrário do termo inicial fixado no julgado da origem - data da vistoria, entendeu que a sub-rogação se concretiza com o **pagamento integral da indenização securitária**, momento em que é possível atribuir ao segurador o direito de propor ação regressiva contra o autor do dano causado ao seu segurado. Na hipótese dos autos, o pagamento da indenização ao segurado ocorreu aos 3/6/2005, de modo que não transcorreu o prazo prescricional de um ano, uma vez que a ação regressiva foi ajuizada aos 29/12/2005.

O Ministro MARCO AURÉLIO BELLIZZE inaugurou a divergência por entender que o termo inicial é aquele fixado pelo Tribunal *a quo*, ou seja, a partir da **data da ciência do sinistro**, apurado na vistoria.

Em defesa da sua tese destacou que **(1)** nas relações de contrato de seguro, a seguradora, ao pagar a indenização, sub-roga-se nos direitos e ações do segurado (art. 786 do CC/02); **(2)** as pretensões de sub-rogação e de mero direito regressivo são ontologicamente distintas, ocorrendo na sub-rogação a transmissão dos direitos e correspondentes ações tal qual originalmente constituídas; **(3)** é relevante o tempo do pagamento porque aí ocorre sub-rogação, porém o pagamento não é o marco inicial da prescrição porque tal entendimento deturparia os limites do crédito transmitido e, por consequência, o instituto da sub-rogação; **(4)** a prescrição não pode se sujeitar à vontade das partes, motivo pelo qual não é possível utilizar a data do pagamento como marco inicial do prazo prescricional sob pena de atribuir à seguradora o controle do início do prazo; **(5)** o conhecimento do dano é fato relevante tanto para o segurado como para a seguradora, por se tratar de inafastável marco temporal da prescrição, a qual se vincula objetivamente à pretensão, e não às partes; e, **(6)** o precedente de relatoria da Ministra NANCY ANDRIGHI (REsp nº 949.434/MR), citado pelo relator, não se aplica à hipótese dos autos porque naquele caso se discutia ação de regresso do segurado contra sua seguradora, não havendo que se falar em sub-rogação porque o próprio segurado havia sido o causador do dano a terceiro, configurando situação diversa da que ora se examina.

Feitas essas considerações quanto aos fundamentos do voto do relator, o Ministro MARCO AURÉLIO BELLIZZE acompanhou o relator quanto ao resultado do julgamento para negar provimento ao recurso especial.

Após os votos proferidos, pedi vista para melhor examinar as duas posições que estão muito bem fundamentadas.

O voto divergente fundamenta o marco inicial da prescrição no momento do conhecimento do dano, preocupado com a segurança jurídica inerente ao instituto da prescrição, visando, desse modo, evitar a manipulação do prazo fatal para o ajuizamento de demandas pelas empresas seguradoras porque a elas incumbe o pagamento da indenização.

De início, não vislumbro diferença quanto à possibilidade de manipulação do prazo prescricional. Sob esse prisma, se o marco inicial for a data da vistoria o segurado é quem poderia manipular o prazo, postergando-o com as mais diversas alegações de impossibilidade de comparecimento.

Ressalte-se que a vistoria aduaneira, extinta com a publicação da Lei nº 12.350/2010, *não era imprescindível para a caracterização de um evento danoso (sinistro) [...] bastando apenas e tão somente prova hábil em tal sentido, normalmente o protesto do recebedor.* Apesar de ainda existir a possibilidade de vistoria judicial ou particular, elas são *dispensáveis ou substituíveis por outros meios probatórios, mesmo que mais singelos e informais* (CREMONEZE, Paulo Henrique. **Prática de Direito Marítimo.** 3ª edição. São Paulo: Aduaneiras, p. 132)

Além disso, enquanto em vigor a vistoria aduaneira, a presença do representante da seguradora não era obrigatória, conforme estabelecia o art. 656 do Decreto nº 6.759/2009:

> Art. 656. Assistirão à vistoria, a ser realizada em dia e hora fixados pela autoridade aduaneira, o depositário, o importador e o transportador.
>
> Parágrafo único. Poderá, ainda, assistir à vistoria qualquer pessoa que comprove legítimo interesse no caso.

Feitas tais observações, entendo que o termo inicial do prazo de prescrição para a seguradora, em ação regressiva, pleitear o ressarcimento do valor pago ao segurado por danos causados à mercadoria em transporte marítimo é fixado consoante a interpretação dos arts. 786 e 189 do CC/02.

O art. 786 do CC/02 dispõe que *paga a indenização, o segurador sub-roga-se, nos limites do valor respectivo, nos direitos e ações que competirem ao segurado contra o autor do dano.*

A sub-rogação se concretiza com o pagamento da indenização securitária, investindo-se a seguradora nos direitos do segurado e configurando o fenômeno da mutação subjetiva na obrigação, ou seja, ela passa a ser detentora de direitos em relação à dívida paga, possibilitando-a de figurar no polo ativo da ação regressiva, a partir do momento em que recebe a regular quitação da segurada.

Aliás, sem a prova do pagamento não há que se falar em sub-rogação de direitos pela seguradora, conforme anotado por NELSON NERY JÚNIOR e ROSA MARIA DE ANDRADE NERY:

> ***Ausência de prova de pagamento de indenização da seguradora ao segurado.*** *Inexistindo prova do pagamento da indenização ao segurado, não há falar em sub-rogação de direitos pela seguradora.*
>
> *Ademais, a pretensão de receber o valor em regresso cai por terra quando o réu já pagou diretamente à vítima (RT 652/100)* (**Código Civil Comentado e Legislação Extravagante**. 3ª edição. São Paulo: Ed. Revista dos Tribunais. 2005, p. 505).

Somente após o pagamento da indenização é que a seguradora poderá ajuizar ação regressiva para pleitear o reembolso daquilo que foi pago, não havendo razão para se fixar outro momento como o *dies a quo* do prazo prescricional.

Com efeito, o pressuposto lógico do direito à sub-rogação é o pagamento dos valores ao segurado, surgindo aí o direito da seguradora em se sub-rogar nos direitos do segurado após satisfeito o dano por este sofrido.

Por outro lado, a sub-rogação encontra limite no valor efetivamente pago pela seguradora, conforme se extrai do teor da Súmula nº 188 do STF: *O segurador tem ação regressiva contra o causador do dano, pelo que efetivamente pagou, até ao limite previsto no contrato de seguro.*

Na sub-rogação legal o sub-rogado não pode reclamar do devedor a totalidade da dívida, mas só aquilo que houver desembolsado (art. 250 do CC/02). Portanto, a sub-rogação se dá até o montante do que foi pago, não sendo possível que o nascimento do direito ocorra em momento anterior, sem que se saiba qual é o valor a que faz jus a seguradora.

> *PRESTAÇÃO DO SEGURADOR E SUB-ROGAÇÃO PESSOAL. - O segurador assumiu a dívida pelo valor segurado, se ocorre o sinistro. Segurador que paga sub-roga-se nos direitos do contraente contra os terceiros (sub-rogação pessoal). O segurador é terceiro que presta. Se nenhum terceiro teria de prestar, nenhum direito se lhe transfere. É frequente dizer-se na apólice de seguro que o segurador sucederá ao recebedor do seguro em todos os direitos, pretensões e ações. Com isso apenas se explicita a sub-rogação pessoal,*

> *porque o segurador é terceiro interessado, conforme o art. 985, III, do Código Civil (Tomo XXIV, § 2960, 3).*
>
> *[...]*
>
> ***A exibição da apólice de seguro é diligência probatória assaz reboante se o segurador, antes de pagar o seguro, propõe ação declaratória da responsabilidade do terceiro (ainda não se deu a sub-rogação pessoal, mas já há, ou melhor, pode haver o interesse na declaração).***
>
> *[...]*
>
> *Para exercer o seu direito contra o terceiro, tem o segurador de alegar e provar que pagou a indenização assegurativa e que o dano foi causado por fato de que responde o terceiro. Basta que prove a quitação; não é preciso juntar o contrato de seguro, salvo se contra a sua existência objeta o terceiro (cf. De Simone, Il Subingresso dell'assecuratore nei diritti dell' assicurato, Saggi in Scienze assicurative, IV, 108)* (**Tratado de Direito Privado - Parte Especial, Tomo XLV, Direito das Obrigações**. São Paulo: Ed. Revista dos Tribunais. 2012, p. 505/506 - sem destaque no original).

Esclareça-se que no CC/16 não havia regra específica sobre sub-rogação no capítulo dedicado ao contrato de seguro, reconhecendo-se o direito de sub-rogação em razão do disposto no art. 985, III, do CC/16.

Além da análise do art. 786 do CC/02, a solução da *quaestio juris* demanda o exame do disposto no art. 189 do CC/02: *violado o direito, nasce para o titular a pretensão, a qual se extingue pela prescrição.*

Como se vê, a norma legal não disciplina o termo inicial da prescrição, motivo que levou a doutrina a adotar a teoria da *actio nata*, em que o prazo deve ter início a partir do momento em que é exigível o direito subjetivo.

Na I Jornada de Direito Civil do Conselho da Justiça Federal, foi aprovado o Enunciado nº 14, com a seguinte redação:

> *Art. 189: 1) o início do prazo prescricional ocorre com o surgimento da pretensão, que decorre da exigibilidade do direito subjetivo; 2) o art. 189 diz respeito a casos em que a pretensão nasce imediatamente após a violação do direito absoluto ou da obrigação de não fazer.*

Na concepção de HUMBERTO THEODORO JÚNIOR, a pretensão *não corresponde a todo e qualquer direto, mas apenas àqueles que proporcionam ao titular o poder de, em determinado momento, exigir uma prestação de outrem*. E conclui:

> *Esse poder ("exigibilidade") ocorre no plano do direito material e não se confunde nem com o direito subjetivo, em seu estado de inércia, nem*

> *com o direito de ação exercitável para provocar a atuação da jurisdição (direito neutro em relação a ser ou não o autor titular do direito material disputado em juízo).*
>
> *[...]*
>
> *Em resumo, para haver prescrição é necessário que:*
>
> *a) exista o direito material da parte a uma prestação a ser cumprida, a seu tempo, por meio de ação ou omissão do devedor;*
>
> *b) ocorra a violação desse direito material por parte do obrigado, configurando o inadimplemento da prestação devida;*
>
> *c) surja, então, a pretensão, como consequência da violação do direito subjetivo, isto é, nasça o poder de exigir a prestação pelas vias jurídicas, judiciais ou não; e, finalmente;*
>
> *d) se verifique a inércia do titular da pretensão em fazê-la exercitar durante o prazo extintivo fixado em lei.*
>
> (**Contrato de Seguro. Ação do Segurado contra o Segurador. Prescrição**. São Paulo: Editora Revista dos Tribunais. In Revista dos Tribunais - edição comemorativa aos 100 anos da revista. Ano 101, vol. 924, outubro/2012, p. 85/86).

Na hipótese em que a seguradora busca do causador do dano o ressarcimento de indenização securitária paga ao segurado, o surgimento da pretensão ocorre no momento em que ela pode demandar judicialmente a satisfação do direito, ou seja, a data do pagamento que fez ao beneficiário, de quem recebeu quitação.

A prescrição extintiva tem por objetivo conferir segurança jurídica e estabilidade às relações sociais, penalizando aquele que por desídia ou incúria deixa de promover oportuna e tempestivamente sua pretensão em juízo. Assim sendo, não se concebe que o titular de direito subjetivo violado tenha contra si o início do prazo extintivo em circunstâncias nas quais não detém nenhuma possibilidade de exercitar sua pretensão.

Nesse passo, não é da vistoria que nasce a pretensão da seguradora contra o causador do dano, mas da data do pagamento. Antes disso, a seguradora ainda não se encontra no exercício do direito de exigir o reembolso, nem mesmo que tivesse participado da vistoria porque naquele momento não saberia o quanto deveria pagar a título de indenização.

Em suma, somente após o pagamento, consolidando-se a sub-rogação da seguradora nos direitos e ações que competiam ao segurado contra o autor do dano, é que surge o direito ao ressarcimento, iniciando-se a partir de então a contagem do prazo prescricional.

Feitas tais considerações, compartilho do entendimento do relator de que o prazo prescricional tem início na data do pagamento, momento em que a seguradora pode demandar judicialmente a satisfação do seu crédito contra o autor do dano.

Nessas condições, pelo meu voto, acompanho o relator para **NEGAR PROVIMENTO** ao recurso especial.

CERTIDÃO DE JULGAMENTO
TERCEIRA TURMA

Número Registro: 2011/0294875-7

PROCESSO ELETRÔNICO **REsp 1.297.362 / SP**

Números Origem: 5620120050427983 9163798722009826000O

PAUTA: 08/11/2016 JULGADO: 08/11/2016

Relator
Exmo. Sr. Ministro **RICARDO VILLAS BÔAS CUEVA**

Presidente da Sessão
Exmo. Sr. Ministro MARCO AURÉLIO BELLIZZE

Subprocurador-Geral da República
Exmo. Sr. Dr. ANTÔNIO CARLOS ALPINO BIGONHA

Secretária
Bela. MARIA AUXILIADORA RAMALHO DA ROCHA

AUTUAÇÃO

RECORRENTE: HAMBURG SUDAMERKANISCHE DAMPFSCHIFFAHRTS

ADVOGADOS: OSVALDO SAMMARCO E OUTRO(S) - SP023067
MARCUS SAMMARCO E OUTRO(S) - SP139612

RECORRIDO: UNIBANCO AGI SEGUROS S/A

ADVOGADO: MÁRCIO ROBERTO GOTAS MOREIRA E OUTRO(S) - SP178051

INTERES.: ATRADE FORWARDING CORP

REPR. POR: ATRADE CARGO DO BRASIL LTDA

ASSUNTO: DIREITO CIVIL - Obrigações - Espécies de Contratos - Transporte de Coisas

CERTIDÃO

Certifico que a egrégia TERCEIRA TURMA, ao apreciar o processo em epígrafe na sessão realizada nesta data, proferiu a seguinte decisão:

Prosseguindo no julgamento, após o voto-vista do Sr. Ministro Moura Ribeiro, acompanhando os fundamentos do Sr. Ministro Relator, negando provimento ao recurso especial, pediu vista o Sr. Ministro Paulo de Tarso Sanseverino.

RECURSO ESPECIAL Nº 1.297.362 - SP (2011/0294875-7)

RELATOR: MINISTRO RICARDO VILLAS BÔAS CUEVA

RECORRENTE: HAMBURG SUDAMERKANISCHE DAMPFSCHIFFAHRTS

ADVOGADOS: OSVALDO SAMMARCO E OUTRO(S) - SP023067
MARCUS SAMMARCO E OUTRO(S) - SP139612

RECORRIDO: UNIBANCO AGI SEGUROS S/A

ADVOGADO: MÁRCIO ROBERTO GOTAS MOREIRA E OUTRO(S) - SP178051

INTERES.: ATRADE FORWARDING CORP

REPR. POR: ATRADE CARGO DO BRASIL LTDA

VOTO-VISTA

O EXMO. SR. MINISTRO PAULO DE TARSO SANSEVERINO:

Pedi vista para fazer um confronto dos fundamentos do voto do relator com os do voto do Ministro Marco Aurélio Bellizze.

Penso que os fundamentos lançados no voto do relator acerca da contagem do prazo prescricional na ação regressiva da seguradora estão plenamente corretos.

Por isso, acompanho o voto do eminente relator, com os acréscimos feitos pelo Ministro Paulo Dias Moura Ribeiro.

É o voto.

CERTIDÃO DE JULGAMENTO
TERCEIRA TURMA

Número Registro: 2011/0294875-7

PROCESSO ELETRÔNICO **REsp 1.297.362 / SP**

Números Origem: 5620120050427983 9163798722009826000O

PAUTA: 08/11/2016 JULGADO: 10/11/2016

Relator
Exmo. Sr. Ministro **RICARDO VILLAS BÔAS CUEVA**

Presidente da Sessão
Exmo. Sr. Ministro MARCO AURÉLIO BELLIZZE

Subprocurador-Geral da República
Exmo. Sr. Dr. ANTÔNIO CARLOS ALPINO BIGONHA

Secretária
Bela. MARIA AUXILIADORA RAMALHO DA ROCHA

AUTUAÇÃO

RECORRENTE : HAMBURG SUDAMERKANISCHE DAMPFSCHIFFAHRTS

ADVOGADOS : OSVALDO SAMMARCO E OUTRO(S) - SP023067
MARCUS SAMMARCO E OUTRO(S) - SP139612

RECORRIDO : UNIBANCO AGI SEGUROS S/A

ADVOGADO : MÁRCIO ROBERTO GOTAS MOREIRA E OUTRO(S) - SP178051

INTERES. : ATRADE FORWARDING CORP

REPR. POR : ATRADE CARGO DO BRASIL LTDA

ASSUNTO: DIREITO CIVIL - Obrigações - Espécies de Contratos - Transporte de Coisas

CERTIDÃO

Certifico que a egrégia TERCEIRA TURMA, ao apreciar o processo em epígrafe na sessão realizada nesta data, proferiu a seguinte decisão:

Presseguindo no julgamento, após o voto-vista do Sr. Ministro Paulo de Tarso Sanseverino, a Terceira Turma, por unanimidade, negou provimento ao recurso especial, nos termos do voto do Sr. Ministro Relator. Vencido quanto a fundamentação o Sr. Ministro Marco Aurélio Bellizze (Presidente). Participaram do julgamentos os Srs. Ministros Paulo de Tarso Sanseverino, Ricardo Villas Bôas Cueva, Marco Aurélio Bellizze e Moura Ribeiro.

NOTAS

NOTAS

NOTAS

NOTAS

NOTAS

NOTAS

A Editora Contracorrente se preocupa com todos os detalhes de suas obras! Aos curiosos, informamos que este livro foi impresso no mês de novembro de 2021, em papel Pólen Soft 80g, pela Gráfica Grafilar.